BIMBO
Estrategia
de Éxito
Empresarial

Estrategia de Éxito Empresarial

Roberto Servitje Sendra

Pearson Educación

MÉXICO • ARGENTINA • BRASIL • COLOMBIA • COSTA RICA • CHILE
ESPAÑA • GUATEMALA • PERÚ • PUERTO RICO • VENEZUELA

```
/ Datos de catalogación bibliográfica

SERVITJE SENDRA, ROBERTO
Bimbo. Estrategia de éxito empresarial

PEARSON EDUCACIÓN, México, 2003

    ISBN: 970-26-0077-4
    Área: Negocios

Formato: 17 × 23 cm        Páginas: 304
```

EDITOR DIVISIÓN NEGOCIOS:	DANIEL GONZÁLEZ PINEDA
	daniel.gonzalez@pearsoned.com
SUPERVISOR DE PRODUCCIÓN:	MIGUEL B. GUTIÉRREZ HERNÁNDEZ
REDACCIÓN INICIAL:	RICARDO BOLAÑOS

Bimbo. Estrategia de éxito empresarial

Primera edición 2003

D.R. ©2003 por Pearson Educación de México, S.A. de C.V.
    Atlacomulco Núm. 500-5° Piso
    Col. Industrial Atoto
    53519, Naucalpan de Juárez, Edo. de México

Cámara Nacional de la Industrial Editorial Mexicana, Registro No. 1524

Reservados todos los derechos. Ni la totalidad ni parte de esta publicación pueden reproducirse, registrarse o transmitirse, por un sistema de recuperación de información, en ninguna forma ni por ningún medio, sea electrónico, mecánico, fotoquímico, magnético o electroóptico, por fotocopia, grabación o cualquier otro, sin permiso previo por escrito del editor.

El préstamo, alquiler o cualquier otra forma de cesión de uso de este ejemplar requerirá también la autorización del editor o de sus representantes.

Prentice Hall es una marca registrada de Pearson Educación de México, S.A. de C.V.

ISBN: 970-26-0077-4

Pearson Educación ®

Impreso en México.
Printed in Mexico.

1 2 3 4 5 6 7 8 9 0   05 04 03 02

DEDICATORIA

MI MADRE

Quiero referirme, aunque sea brevemente, a mi madre, Josefina Sendra de Servitje. Doña Pepita, como la conocían con afecto sus familiares, amigos y empleados.

Nació en un pequeño pueblo de la provincia de Barcelona en España, estudió muy poco, pues la muerte prematura de su padre hizo que tuviera que trabajar para ayudar a su casa, donde ella era la sexta de nueve hermanos.

A la edad de 23 años vino a México y se casó aquí con mi padre, Juan Servitje Torrallardona, quien también falleció aún muy joven. A la muerte de mi padre, cuando apenas ella cumplía 44 años, tuvo que hacerse cargo no sólo de nosotros que éramos pequeños, sino de los dos negocios de la familia.

Desde siempre nos dio ejemplo de fortaleza, de trabajo duro y de una férrea voluntad. Cuando yo era chico veía como cosa natural el que la gente trabajara y se esforzara como ella lo hacía y como ella nos enseñaba. Pronto descubrí que eso no era lo normal.

De mi madre, mujer fuerte, física y espiritualmente, aprendimos casi sin querer, a trabajar con entrega total y con constancia. Aprendimos a ser austeros y ahorrativos y nos dejó un precioso legado de fe cristiana y de integridad personal.

TININA

Sin su apoyo, su estímulo, su paciencia y su comprensión, no hubiera podido salir adelante. Nos casamos muy jóvenes, con enorme ilusión, pero con carencias, enormes presiones de trabajo, de viajes, de ausencias y de cambios de residencia.

Y aunque en aquellos momentos pareciera que eso era lo que se tenía que hacer, no cabe duda que la parte difícil, la que requirió toda su generosidad y abnegación, fue la que a ella le tocó.

No sería justo hablar de realizaciones sin entender la parte fundamental que juega nuestro cónyuge y, en mi caso, mi maravillosa esposa.

CONTENIDO

〜

Agradecimientos	ix
Acerca del autor	xi
Prólogo	xxii
Un mensaje preliminar	1
1 *Origen del Grupo Bimbo*	5
Grupo Bimbo	6
Los fundadores	15
La internacionalización	19
El nacimiento de un triunfador	27
2 *Factores que impulsaron nuestro crecimiento*	29
El valor del esfuerzo	29
Confianza en México	30
Integración	30
Afán de crecer: expansión territorial	31
Reinversión	32

Mantenimiento de políticas de
calidad-austeridad-servicio 32
Diversificación de líneas 33
Delegación 33
Exportación/internacionalización.................................... 34
Orden, limpieza y calidad 35
Tecnología de punta-modernización 36
La estructura.. 38
Los secretos del éxito (resumidos) 39
Nuestra aportación al consumidor 42

3 *Nuestra columna vertebral* 43
Importancia de una filosofía empresarial 44
La empresa como institución. Su inserción
en la historia 50
Sistemas económicos... 51
Hacia una empresa con responsabilidad social 55

4 *Filosofía de empresa* 63
Con altos valores y principios 63
La personalidad 64
La excelencia... 64
Ser más 65
Ideales y objetivos 66
Paz interior 66
El precio del éxito 67
Unión Social de Empresarios Mexicanos 68
Principios y valores centrales 71
Integridad 73
Dignidad de la persona 76
Solidaridad: compartir *vs.* competir 79
Subsidiaridad 82
Valor del trabajo 83
Grandes pensadores y conceptos de la administración ... 88

5 Hacia una transformación de la empresa ... *105*
Necesidad de una transformación ... 105
Los problemas son oportunidades ... 111
A través de la participación ... 114

6 Cómo avanzar en la participación ... *119*
Participación en la información ... 121
Participación en la consulta ... 124
Participación funcional ... 126
Participación en las utilidades ... 130
Participación en la propiedad ... 134
Participación institucional ... 143

7 Una misión y un ideal ... *147*
Servir, nuestra razón de ser ... 147
Nuestra misión ... 148
Formación de una cultura ... 155
Nuestros valores ... 161
Nuestros propósitos ... 166
Nuestro Código de Ética. Antecedentes ... 167
Nuestro Código de Ética actual ... 173

8 Una empresa será lo que sea su personal y éste lo que sean sus jefes ... *179*
En Bimbo damos trabajo, no chamba ... 179
Desarrollo de la confianza de nuestro personal ... 182
Los lineamientos ... 186
Otras características estimuladoras ... 190
Política de jefes ... 194
Liderazgo ... 196
Naturaleza del liderazgo ... 200
Características del líder ... 205

9 *Retos* *211*
   Productividad 212
   Productividad y austeridad.................................... 215
   Globalización 230
   Cómo iniciamos la globalización 232
   Puntos a considerar para la internacionalización 233
   Qué podemos aprender de la globalización 235
   Los principales retos del Grupo Bimbo 240
   Los principales retos para México 241

10 *Gobierno y sociedad* *243*
    La Patria que queremos 246
    El voto 246
    Unir o separar 247
    ¿Dónde está parado México? 248

Apéndice 1. *Cronología de fábricas* *259*
Apéndice 2. *Calidad total y reingeniería* *263*
   Calidad total: una perspectiva general 263
   ¿Cómo se complementa la mejora continua y
      la reingeniería? 274

AGRADECIMIENTOS

Deseo expresar aquí mi sincero agradecimiento a las personas que me impulsaron a escribir este libro.

En primer lugar, a mi hermano Lorenzo, pues han sido sus conceptos y su ejemplo los que ayudaron a modelar mis convicciones.

A la Unión Social de Empresarios de México, donde durante casi cuatro décadas he recibido luz y estímulo en materia de Doctrina Social.

A mi esposa Tinina, por su comprensión, por su cariño de siempre y por ser la inspiración de mi vida. A mis hijos, a quienes queremos entrañablemente.

A Gabino Gómez y a su hermana María Elena, quienes fueron los primeros en sugerir que este libro se escribiera.

A Gardina Soria, mi secretaria de tantos años, quien clasificó y ordenó mis escritos.

De manera particular a Javier Millán, cuyo apoyo en la revisión y ordenación del manuscrito original fue decisiva.

Y, desde luego, a todos mis compañeros de trabajo, a quienes ya no están con nosotros y a los que se encuentran en las fábricas, las agencias y las oficinas de nuestro grupo, en México y en el extranjero. Su colaboración, su entrega y su ejemplo han ido convirtiendo en realidad nuestras más elevadas aspiraciones.

ACERCA DEL AUTOR

Estoy convencido de que esa felicidad a la que todos aspiramos sólo la conseguiremos si atinamos a ser buenos padres de familia, buenos empresarios, buenos ciudadanos, si nos fijamos ideales basados en altos valores y en altos principios, si somos honestos, si tenemos un claro ideal de servicio.

Hoy, a la luz de más de cincuenta años de experiencia, puedo decir que no creo en las carreras ascendentes sin una buena dosis de trabajo. En mi opinión, aquellos que aspiren a un progreso vigoroso y meritorio no gozarán de horarios de trabajo de cuarenta a cuarenta y cinco horas.

Hace muchos años, cuando a alguien se le ocurría preguntar si teníamos semana inglesa, le contestábamos que no, que nuestra jornada era africana, de más de ochenta horas por semana. Hoy, por supuesto, esto ya no es necesario, aunque algunos jefes con grandes ambiciones trabajan, por su gusto, más del horario normal.

Después de más de veinte años en la dirección corporativa del Grupo, aún no olvido el trabajo operativo de la fábrica, que es sumamente exigente, pero muy gratificante. En la dirección se planifica, se controla, se toman muchas decisiones difíciles, pero siempre se añora y necesita ese contacto con la operación y con la gente de la línea.

Roberto Servitje Sendra, nacido en 1928 en la Ciudad de México y actual presidente del Consejo de Administración del Grupo Bimbo, se ha guiado siempre por sus arraigados valores, entre ellos la consideración del ser humano como persona, la búsqueda de la calidad y la productividad, y la austeridad.

Hijo de inmigrantes catalanes, fundadores de la conocida pastelería El Molino —que fuera el eslabón inicial de la cadena en la que se convertiría el poderoso grupo que dirigió hasta fechas recientes—, realizó sus estudios básicos en la Ciudad de México. Estudió humanidades en el Colegio Jean de Brebeuf, dirigido por sacerdotes jesuitas, en Montreal, Canadá (1943-1945). Durante su estadía en ese país, perteneció al grupo de Cadetes de Aviación de la Royal Canadian Air Force (RCAF).

"A la muerte de mi papá, mi mamá tuvo que trabajar mucho; mi hermano Lorenzo ya también lo hacía; mi hermana Pepita se fue a estudiar a Canadá, y Roberto y yo nos unimos más. Todo esto empezó a transformar a la familia. Cuando murió mi papá, mi hermano Juan estaba en un cuarto que quedaba entre el baño, la recámara y la sala. No recuerdo qué estábamos haciendo Roberto y yo. La persona que cuidaba a mi hermano Juan fue a buscar a mi papá, tocó a su puerta; al no recibir respuesta, entró y lo encontró en la cama, ya muerto. Le llamó a mi mamá, que trabajaba muy cerca; Roberto y yo entramos al cuarto con ella y lo vimos así; mi mamá nos dijo que ya se había ido su alma y yo le pregunté a Roberto: "¿Cómo se fue si estaba cerrado todo?". Después, Roberto, Rafaela, nuestra nana y yo fuimos a buscar al padre González a la iglesia del Colegio de Niñas, donde íbamos a ofrecer flores durante el mes de mayo.

Mi papá murió el 15 de diciembre de 1936, y me acuerdo que habíamos puesto por primera vez árbol de navidad. Nunca poníamos árbol sino nacimiento, pero mis primas sí ponían árbol y a ellas les llegaba Santa Claus y a nosotros no; entonces convencimos a mi mamá de poner árbol, pero lo quitamos al día siguiente."

Fernando Servitje

A su regreso de Canadá, Roberto ingresó a la Escuela Bancaria y Comercial de la capital mexicana, donde estudió contaduría. Desde muy joven empezó a trabajar en un negocio farmacéutico y luego en la empresa Servitje y Mata. El día 17 de septiembre de 1945 entró a Bimbo a los diecisiete años de edad. Su primer trabajo fue como supervisor de ventas y más tarde creó el departamento de Vehículos.

Su carrera como empresario arrancó en 1954, al fundar Bimbo de Occidente, en Guadalajara y ocupar la Gerencia General de la misma. Se encargó de la apertura del mercado y el desarrollo comercial de los territorios de Guadalajara, León y San Luis Potosí; de la instalación de la fábrica en 1956, y del desarrollo comercial que lo llevó a cubrir, en menos de cinco años, la mitad de la República Mexicana.

Más adelante, se trasladó a Monterrey, donde se libraba una dura batalla con la competencia. Cuando el conflicto se solucionó, regresó a la Ciudad de México, para desempeñarse otros seis años como gerente general de Panificación Bimbo.

En 1969 viajó a Boston, donde se graduó en la Universidad de Harvard en el curso *Program Management Development* (PMD). A su retorno asumió el cargo de Subdirector de la organización durante nueve años. En 1978, la Organización Bimbo contaba ya con trece fábricas.

En 1979 fue nombrado director general del Grupo y once años después asumió el puesto de presidente ejecutivo. En ese lapso el Grupo gozó de una fuerte expansión: se crearon veinticuatro empresas operadoras, con lo cual llegaron a un total de cincuenta. En 1994 fue nombrado presidente del Consejo de Administración y presidente del Grupo.

Es miembro fundador de la empresa y uno de los trabajadores más antiguos de la misma. Entre sus grandes aportaciones al negocio resaltan el trabajo intenso por la calidad y la innovación tecnológica; la búsqueda insistente de la productividad, a la cual llama "la posibilidad infinita", y la labor continua en pro de una empresa más humana y participativa. Todo ello logrado en gran medida por su disciplina y hábito de visitas continuas a las fábricas.

Lorenzo Servitje, fundador del Grupo Bimbo, se expresó así de Roberto, su hermano menor, en junio de 1995:

"Quiero resaltar que los últimos quince años de Bimbo son la gran aportación de Roberto al grupo, en particular en lo concerniente a la innovación y la dinámica. Roberto ha sabido encontrar el balance en la aplicación de nuestra filosofía para hacer de Bimbo una empresa altamente productiva y plenamente humana."

Lorenzo Servitje

Roberto Servitje ha realizado otras actividades de tipo académico y de acción social. Ha impartido clases en el Instituto Panamericano de Alta Dirección de Empresas (IPADE) y en los Cursos de Formación Social (CUFOSO), así como conferencias en la Unión Social de Empresarios de México (USEM). Fue presidente de USEM-México y presidente de la Confederación USEM, afiliada a la UNIAPAC, con sede en Bruselas, de 1984 a 1987.

Ha dictado conferencias en diversos foros. En México, el Instituto Tecnológico y de Estudios Superiores de Monterrey; el Instituto Tecnológico Autónomo de México (ITAM); la Fundación Konrad Adenauer y las universidades Iberoamericana, De las Américas, Bonaterra, Panamericana y Anáhuac. En el extranjero, en las Escuelas de Negocios de las Universidades de Harvard y Northwestern; en la Universidad McGill de Montreal, Canadá y en el IESE de la Universidad de Navarra, en Barcelona. Ha participado en congresos y seminarios en nuestro país y en el extranjero. En el Grupo Bimbo, es expositor en el "Curso de Jefes" y en el CUSUPE (Curso de Superación Personal), donde destaca su plática "El Ideal".

En 1988 fue nombrado Ejecutivo del Año por la Confederación Mexicana de Ejecutivos de Ventas y Mercadotecnia, A. C. Además de dedicar su vida a Bimbo, ha colaborado como consejero de diversas empresas e instituciones.

Recientemente le ha sido otorgado el grado honorífico de *Doctor Honoris Causa* por la Universidad La Salle Noroeste.

Roberto Servitje se casó en el año de 1950 con Yolanda Achútegui. Tiene cinco hijos, veinte nietos y una bisnieta. Viajero incansable y estudioso de varios idiomas, sus intereses personales incluyen la aviación, la pintura, la mecánica, la lectura y, más recientemente, la computación.

ROBERTO SERVITJE EN VOZ DE SU FAMILIA

AL ESPOSO

Roberto ha sido para mí un esposo admirable, cariñoso, fiel compañero de mi vida, inflexible en su moral, guía, ejemplo y pilar de su familia, en el que todos nos apoyamos. Estricto pero al mismo tiempo comprensivo y generoso.

Tiene un gran amor a Dios y a sus semejantes, sus virtudes son extensas y sus consejos de gran valía. Sus enseñanzas las apoya primero con su ejemplo. Le gusta y sabe disfrutar de la vida familiar. En su escala de valores pone en primer lugar a Dios, luego a su familia y en tercer lugar a su trabajo.

Tiene una profunda inquietud social que se traduce en preocupación por la creación de nuevas fuentes de trabajo, procurando siempre ser más productivo; está muy interesado en la vivencia y la difusión de los principios sociales.

Roberto es una persona polifacética, con grandes aptitudes para los idiomas y la música y un sinfín de cosas más.

Todo lo que empieza lo termina, nunca se queda a mitad de camino, teniendo especial interés en crear y hacer cosas *nuevas*.

AL PADRE

Roberto Servitje, hombre de firmes convicciones cristianas, voluntad férrea y profundo amor por los demás, ha sido para sus hijos y para muchas otras personas que se han cruzado por su camino, motivo de gran admiración.

Papá: siempre has sido el padre cariñoso que, antes de caminar, nos enseñó a amar a Dios y a tenerlo presente en todos los momentos de nuestra vida; con tu ejemplo, nos inculcaste los valores de responsabilidad, justicia y honestidad, sin olvidar el compromiso hacia los demás.

Al abuelo

Nuestro abuelo es una persona muy admirada por mucha gente, incluyendo a su familia. Un hombre trabajador, siempre dispuesto a resolver cualquier problema que se le ponga enfrente, no lo deja a los demás.

Un hombre entregado a su familia, a su trabajo y a Dios, muy cumplido en cuanto a sus responsabilidades; mide sus consecuencias. Toma muy en serio su vida personal y su contacto con sus colaboradores.

Un hombre con buenos valores humanos, espirituales, morales y siempre dispuesto a ayudar a los demás.

Un hombre al que siempre hemos querido por ser tan bueno y compartir su vida y alegría con nosotros.

¡Gracias, abuelo!

PRÓLOGO

El éxito personal y empresarial depende de diversos factores, pero para que perdure, debe basarse en valores y principios sólidos. Éste es el mensaje de Roberto Servitje Sendra, uno de los líderes empresariales mexicanos más exitosos de nuestro tiempo. Como señala en su libro, "sólo prevalecen las empresas que, con una base moral sólida, con una serie de principios rectores, van logrando cierta fuerza institucional".

Es un mensaje importante, al que debemos estar atentos todos. Especialmente cuando el cambio —que siempre ha sido constante en el mundo— se ha acelerado exponencialmente por el impacto de las nuevas tecnologías de la información y por la incertidumbre que caracteriza a la globalización.

La velocidad de las transformaciones en todos los ámbitos y la disponibilidad de un cúmulo extraordinario de información, exigen una capacidad de respuesta instantánea a las siempre cambiantes demandas de los consumidores y condiciones de los mercados. Ahora, las compañías exitosas ya no se distinguen sólo por lo que saben, sino por la rapidez con que toman decisiones con base en su conocimiento y por su habilidad para generar ahorros, mejorar la eficiencia, aprender y perfeccionar constantemente sus procesos de producción y prestación de servicios.

En este contexto, las empresas requieren una base sólida que guíe su desarrollo estratégico y les permita superar los múltiples retos que implica un entorno en extremo volátil. Esa base la proporcionan una filosofía empresarial bien definida y los más elevados valores y principios.

Lo difícil es no apartarse de los principios y valores cuando se tiene que hacer frente a las presiones económicas de corto plazo. El caso de Grupo Bimbo es un magnífico ejemplo de ello. Su filosofía empresarial se resume en dos palabras: *creer y crear*. Creer, antes que nada en la gente, en las personas "como fin y no como medio" para alcanzar un crecimiento corporativo y humano pleno; en que sólo a través de la colaboración y el compromiso de todos los que integran una empresa se pueden lograr las metas planeadas.

Creer en la integridad, no sólo como una práctica de negocios que reditúa grandes ganancias, sino también como una responsabilidad social, que debe asumirse plenamente para superar retos tan complejos como la corrupción y así contribuir al avance económico, social y cultural de cualquier país. Y creer en la importancia fundamental del liderazgo para generar un sentido de misión, inculcar una verdadera actitud de servicio y cumplir el compromiso asumido con la sociedad.

Esta filosofía descansa, a su vez, en una serie de valores fundamentales, como la honestidad, la justicia y la equidad, que en el pensamiento empresarial de Roberto Servitje, guían las relaciones al interior de una compañía y al exterior con los consumidores, clientes, proveedores, autoridades y la sociedad en su conjunto. Tales valores deben hacerse explícitos en códigos de ética que contribuyan a consolidar la proyección de las empresas al lograr que todos sus miembros los compartan y apliquen consistentemente en sus operaciones nacionales e internacionales.

De esta manera, con base en una filosofía empresarial clara y valores compartidos por toda la organización, en las páginas de este libro conoceremos algunos momentos importantes en la historia del Grupo Bimbo y cómo se ha convertido en una de las empresas mexicanas más exitosas, en una de las marcas más reconocidas y de mayor prestigio, y en parte esencial de toda una cultura.

Roberto Servitje demuestra que una de las principales características de un auténtico líder es su capacidad para comunicarse, y en este libro nos permite conocer mejor su pensamiento, su visión estratégica, su alto sentido de responsabilidad y su pasión por México.

Lorenzo H. Zambrano Treviño
Presidente del Consejo y Director General de
CEMEX

UN MENSAJE PRELIMINAR

~~◞◟~~

Un querido amigo me invitó hace algún tiempo a escribir este libro. En aquella ocasión, le agradecí su amable sugerencia pero respondí que no deseaba hacerlo. Pensaba que existen en el mercado muchos libros sobre la trayectoria del mundo de los negocios, y que cada día se publican más. Me parecía pretencioso creer que podría haber interés por lo que yo pudiera expresar.

Sin embargo, tiempo después, ante nuevas insistencias y con nuevos argumentos, accedí a hacerlo. ¿La razón? Comprendí al fin que puede ser un medio de dar continuidad a un esfuerzo que durante décadas he realizado con esperanza e ilusión.

En efecto, he dedicado muchas horas de mi vida a transmitir a mis colegas empresarios, y a los jóvenes que aspiran a iniciar esa vocación, mi profunda convicción de que la empresa juega ya un papel decisivo en el comportamiento de la sociedad y, por tanto, debe responder a lo que de ella espera esa sociedad. La empresa es, sin duda, el motor de la vida socioeconómica de un país y conforma el estilo de vida de sus habitantes. Peter Drucker, admirado y respetado especialista en administración, sostenía: "En la medida en que se resuelvan los problemas de la empresa, se resolverán los problemas de la sociedad".

Dado el papel fundamental que juega en el entorno social, es necesario aceptar que la responsabilidad de la empresa de cumplir con sus fines económicos y con sus fines sociales es enorme. Para ello es indispensable que sus dirigentes estemos a la altura de tan elevada responsabilidad.

La empresa, hoy más que nunca, requiere responder a los anhelos de la sociedad siendo eficaz, eficiente, rentable, creativa, responsable y profundamente ética.

Por tradición se ha dedicado de forma primordial al servicio de unos pocos; ahora habrá de estar al servicio de todos.

Asimismo, las empresas tienen que ser entidades con alma, que no sólo permitan sino que promuevan la realización de todos sus integrantes y el bien común.

La convicción acerca de la importancia y la trascendencia de la empresa y de la imperiosa necesidad de que sus dirigentes estemos preparados para llevar a cabo las transformaciones necesarias, ha sido una norma en mi actuación personal y, a la vez, un acicate para compartir las disciplinas y los valores que pueden cimentar las bases de esa adecuación que tanto se necesita.

Es por ello que decidí escribir este libro. A través de sus páginas mis inquietudes se transmitirán a un mayor número de personas y durante un tiempo más largo que el que personalmente podría invertir.

Ofrezco una disculpa por las deficiencias que usted, apreciado lector, quizás encuentre. No soy escritor, aunque me hubiera encantado contar con esa aptitud; pero, con la mejor de las intenciones, expreso conceptos y transmito experiencias de muchos años, que considero pueden enriquecer la vida empresarial y como consecuencia, propiciar una sociedad más justa y más humana.

Capítulo 1

ORIGEN DEL GRUPO BIMBO

A menudo me preguntan si algún día los fundadores del Grupo soñamos que estaríamos presentes en tantos lugares de nuestro país y del extranjero.

La verdad, nunca lo imaginamos.

En el pergamino de inauguración de Panificación Bimbo, el 2 de diciembre de 1945, aparecen dos palabras que considero son la respuesta a la pregunta: Creer – Crear.

Para mí, los cimientos de esta gran empresa fueron la fe en Dios y visualizar el valor del trabajo como extensión de su labor creadora.

Con el paso de los años, esta fe y esta creación se hicieron realidad, día con día, mediante el trabajo de decenas, y ahora decenas de miles, de personas que han formado y forman nuestro querido Grupo.

Cada una de ellas, con su preocupación constante por la calidad, el servicio al cliente, la productividad, el trabajo intenso y entusiasta, ha hecho posible lo logrado hasta ahora.

Como el grano de trigo que se multiplica fecundo, cada uno de nuestros colaboradores, accionistas, proveedores y clientes, han sembrado y siembran con fe y cariño.

A ellos, a cada uno de ellos, y a Dios Nuestro Señor, debemos estar aquí hoy.

Por eso, deseo iniciar este libro, con la palabra *gracias*, y con la esperanza renovada de *creer* y *crear*.

Grupo Bimbo

El Grupo Bimbo, empresa de capital mexicano, fue fundada en 1944. En su fundación jugó un papel preponderante Lorenzo, mi hermano mayor, que entonces tenía veintiocho años de edad, en tanto que yo tenía dieciocho. Muchos contribuyeron con ideas pero él dijo sí y así, él imprimió el espíritu, el estilo de la empresa desde el primer momento.

Algunos antecedentes

El pan de caja fue traído a América por los primeros colonos europeos que llegaron a los Estados Unidos. Estos viajeros tenían unas cajas de metal, en las que guardaban algunos de sus objetos pequeños. Una vez aquí, utilizaron estas cajas a manera de moldes para hornear su pan. Por esta razón se le llama pan de caja.

A fines del siglo pasado y a principios de éste, el pan de caja también fue conocido bajo el nombre de pan Pullman, en virtud de que lo servían en los restaurantes de los carros de ferrocarril llamados Pullman.

En México, a principios del siglo veinte, el pan de caja comenzó a ofrecerse en un restaurante de nombre Sylvain, aunque únicamente para el consumo interno en aquel lugar.

En los años veinte, un señor español llamado Martín Velasco abrió una panadería en la calle de Corregidora, en la Ciudad de México. La visión de este hombre le hizo considerar el posible desarrollo que podría tener el pan de caja en México, en caso de producirse a nivel industrial.

Atendiendo a su intuición y, quizá conociendo algo de lo que en Estados Unidos se estaba haciendo, el señor Martín Velasco no sólo instaló una pequeña fábrica de pan de caja en México, sino que envió a su hijo Alfonso a estudiar un curso técnico de panificación en el American Institute of Baking en Estados Unidos.

Sin embargo, el deseo de progresar hizo que don Martín se entusiasmara en un negocio de minas, al grado de invertir gran parte de su capital en él. Esto lo llevó a una crisis económica muy seria y a que, en consecuencia, tuviera que vender su negocio de pan.

Don Pablo Diez lo compró y encargó a su sobrino Adolfo Fernández que instalara una fábrica de pan, un poco mejor y más grande. A raíz de esta operación nació Pan Ideal en 1926.

Con su lema publicitario, Pan Ideal aseguraba que sería: "El Pan que Usted Comerá".

Para entonces la fábrica de Pan Ideal estaba ubicada en la calle de 16 de Septiembre. Aún no tenía una amplia distribución al comercio, sino que ahí mismo despachaban el pan y probablemente tenían alguna camioneta para algunas entregas a domicilio.

En ese mismo lugar y en el mismo año, los nuevos propietarios de Pan Ideal abrieron la Pastelería Ideal, a la cual entró a trabajar don Juan Servitje.

Don Juan era de origen catalán, al igual que su esposa doña Josefina Sendra. Juan Servitje había venido a México en el año de 1904 y durante algún tiempo trabajó en "La Flor de México", pastelería de unos familiares suyos, y que durante muchos años fue una de las mejores pastelerías de la capital.

Dos años después de haber ingresado a la Pastelería Ideal, Juan Servitje decidió separarse con el fin de abrir su propia pastelería. Motivado y apoyado por su esposa, mujer emprendedora y de gran iniciativa, don Juan, asociado con otras personas, instaló en 1928 la pastelería El Molino, misma que hasta la fecha goza de gran prestigio.

Esta experiencia, sin duda alguna, dejó una importante semilla en el corazón de sus hijos.

En 1936, cuando Lorenzo tenía dieciocho años y apenas cursaba el primer año de contabilidad, murió su padre y tuvo que abandonar la carrera para ayudar a su madre a atender el negocio de la familia.

Corría el año de 1936 y Pan Ideal ya había inaugurado una nueva fábrica de pan de caja en la calle de Serapio Rendón y había adquirido cinco camiones para su distribución en el Distrito Federal.

Curiosamente, en esa misma empresa que antaño perteneciera al señor Martín Velasco, trabajaba su hijo Alfonso con el cargo de director técnico.

Los amplísimos conocimientos del señor Alfonso Velasco, nacido en Irolo, Hidalgo, el año de 1904, y preparado en Estados Unidos como técnico en panificación, abarcaban desde la fabricación de pan en todos sus tipos, hasta la de bizcochería y pasteles. Esto, aunado a su experiencia en el manejo y mantenimiento de la maquinaria industrial más compleja, le hacían —sin duda alguna— el técnico más destacado en esta rama en México.

Este hombre de grandes y variadas aptitudes, quien durante esa época no estaba muy satisfecho con su trabajo en Pan Ideal, se convertiría —años más tarde— en otro de los principales fundadores e impulsores de la Organización Bimbo.

En aquellas épocas (fines de los años treinta y principios de los cuarenta), también funcionaba otra fábrica de pan de caja, aunque de menores dimensiones. Se llamaba La Condesa White Bakery y manejaba la marca Tip Top. Varios lustros después, esta marca sería adquirida por los señores Fernández con la intención de introducirla nuevamente en el mercado.

También circulaba otra marca: Pan Lara, cuyos anuncios publicitarios en la XEQK ("La estación de la hora exacta"), llegaron a decir: "Al mal tiempo buena cara, si usted come con Pan Lara".

Sin embargo, Pan Ideal era la marca que dominaba entonces el incipiente mercado de pan de caja existente en la Ciudad de México.

El servicio de Pan Ideal dejaba mucho que desear y no lograba satisfacer adecuadamente la creciente demanda que comenzaba a surgir para este tipo de producto. Además, la presentación de su pan no le favorecía: era envuelto en un papel encerado que, debido a su falta de transparencia, impedía ver las condiciones en que se encontraba la pieza. Algunas veces los consumidores descubrían un pan con hongos y, si acaso aquellos clientes insatisfechos intentaban reclamar, en muchas ocasiones no encontraban la atención que esperaban.

Tal vez esa situación de falta de interés en el servicio era provocada, en gran parte, por el hecho de que prácticamente no tenían competencia. Asimismo, una enorme proporción de los clientes de Pan Ideal había soportado esta situación debido a que no se conocía una mejor alternativa.

Para entonces el joven Lorenzo, originalmente encargado de las ventas en El Molino, ya era gerente. Su tío, el señor Jaime Sendra, tenía el puesto de jefe de Producción.

Jaime Sendra Grimau nació en México en 1910. Desde muy pequeño fue a vivir a España con sus familiares y, a raíz de la Guerra Civil Española, regresó a México en 1936. Ocho años mayor que su sobrino Lorenzo, Jaime poseía algunos conocimientos sobre el arte y oficio de la panadería y pastelería, adquiridos en España. En México trabajó durante algún tiempo en "La Flor de México", pastelería de su hermano.

En 1941 Lorenzo Servitje se suscribió a algunas revistas estadounidenses, entre ellas *Baker's Helper*, con información sobre la industria norteamericana del pan, su maquinaria y los modernos sistemas que se empleaban en el vecino país.

Entonces Lorenzo decidió ampliar y modernizar la pastelería El Molino. Fue un reto que se propuso vencer y estaba seguro de que lo lograría.

Así fue. Efectivamente, junto con Jaime Sendra la transformaron, la hicieron más grande y la convirtieron en la pastelería más moderna de la Ciudad de México en aquel entonces. Se alquiló todo el edificio, pues antes sólo contaban con la planta baja, misma que, a partir de ese momento, se usó exclusivamente para la venta, y arriba se colocó el moderno equipo de producción.

Para la instalación de este equipo invitaron al señor Alfonso Velasco, entonces director técnico de Pan Ideal y catorce años mayor que el joven Lorenzo Servitje. De alguna manera ya se conocían, puesto que don Juan Servitje, padre de Lorenzo y fundador de El Molino, había trabajado antes en la Pastelería Ideal. Gracias a esta invitación, Lorenzo y el señor Velasco reanudaron su amistad.

El inquieto y entusiasta Lorenzo continuaba leyendo las revistas norteamericanas, observando las fotografías de la moderna maquinaria y soñando con la posibilidad de que, algún día, sus actividades de pastelería podrían extenderse al ramo de la panadería industrial, con venta al mayoreo y por toda la ciudad.

Un buen día, Jaime Sendra, emocionado ante las posibilidades que le ofrecía el nuevo equipo instalado en El Molino y, sobre todo, pensando en algo más grande, se acercó a Lorenzo y le dijo: "¿Qué te parece que pongamos una fábrica de pan de caja?".

Lorenzo no lo dudó un momento. De inmediato compartió la idea de su tío y le propuso que se preparara como técnico en panificación, ya que su conocimiento empírico del oficio no era suficiente como para atender la producción de una fábrica de esas características. Asimismo, le sugirió que se inscribiera en un curso norteamericano por correspondencia.

Unas semanas después, Jaime Sendra le planteó a Lorenzo que, para no perder más tiempo y no gastar dinero en su preparación técnica, invitaran como socio industrial a Alfonso Velasco, quien ya contaba con gran experiencia en estos menesteres. A Lorenzo le pareció apropiada la propuesta.

Pese a que Jaime Sendra estaba seguro de que esta determinación era la mejor que podían tomar, en lo más profundo de su corazón estaba triste; pensaba que, aunque llegara a ser accionista de la nueva empresa, quizá podría sobrar en el equipo de trabajo. En sus escritos recuerda el momento en que le manifestó a su sobrino esta preocupación y también recuerda la respuesta de éste: "Tío, no te preocupes. Tú has sido el de la idea y no tienes que temer, pues serás nuestro socio. Por ahora El Molino te necesita; te mejoraré el sueldo y te haremos ganar utilidades".

Después de las pláticas preliminares, el joven Lorenzo Servitje preguntó al señor Velasco: "¿Y bueno, qué opina usted? ¿Le interesaría asociarse con nosotros trabajando como superintendente?" Alfonso Velasco aceptó con entusiasmo. El negocio de pan donde trabajaba se había estancado; los nuevos dueños no llevaron a cabo la innovación necesaria y Velasco se había convertido, después de que su padre tuviera que vender aquella empresa, en un empleado sin grandes perspectivas. Sentía que gran parte de sus ideas para mejorar el negocio, las envolturas, el producto y la distribución, en fin, todas las ideas básicas que debían implantarse para sacar adelante la industria, no encontraban una completa comprensión por parte de sus jefes. Tiempo después, Alfonso Velasco renunció a Pan Ideal y finalmente dedicó su tiempo completo a participar en la aventura de fundar y desarrollar una nueva empresa.

De forma paralela a sus actividades como gerente de El Molino, Lorenzo Servitje estaba asociado con los señores Jaime Jorba y José T. Mata en un negocio de importaciones y exportaciones.

La Segunda Guerra Mundial había comenzado ya a hacer sus primeros estragos. Dos años antes, el 7 de diciembre de 1941, los japoneses atacaron la flota de Estados Unidos en Pearl Harbor, propiciando así que este país activara su participación en la guerra.

En tanto Estados Unidos estaba muy ocupado con las cuestiones bélicas, nuestro país se dedicaba, tanto a entrar en contacto y a abrir algunos de los mercados que la nación vecina dejara pend es, como a prepararse para la nueva era industrial.

La tasa de crecimiento económico (medio anual) del Producto Nacional Bruto de nuestro país fluctuaba entre cinco y seis por ciento, una de las más altas del mundo. La economía mexicana se iba transformando de las actividades agropecuarias a las industriales, aunque todavía sesenta y cinco por ciento de los mexicanos económicamente activos se dedicaba a la actividad agropecuaria y el valor que producía equivalía apenas a dieciocho por ciento del Producto Nacional Bruto, en tanto que veintiséis por ciento había sido, en 1940, de bienes industriales.

Ante esta situación y previendo que la guerra terminaría pronto, Jaime Jorba pensaba que el negocio de importaciones y exportaciones perdería un poco de la fuerza que estaba tomando; los países que no podían exportar a causa de la guerra, pronto volverían a dominar los mercados que antes tenían.

Jaime Jorba Sendra nació en España en 1918 y llegó a México el 2 de agosto de 1936. "Estuve en España —dice— hasta que estalló la Guerra Civil. Mi papá veía que la situación se estaba poniendo difícil y ya me había preparado la documentación para que saliera del país. Por eso pude salir en 1936, porque ya tenía todo listo: pasaporte, visa mexicana y todo eso."

Una vez en México, Jaime Jorba trabajó un tiempo en la pastelería El Molino y años más tarde contrajo nupcias con la señorita Josefina Servitje Sendra, hermana de Lorenzo.

Con un sentido innato de las ventas, Jaime Jorba sería otro de los pilares de Bimbo. Hombre de gran vitalidad y empuje, con un animoso sentido del humor, a quien la vida había forjado con tenacidad desde la edad de doce años en que comenzó a trabajar. Su participación en Bimbo se convertiría en factor clave para el desarrollo de esta colosal empresa que apenas comenzaba a gestarse.

La atractiva oportunidad que se le presentaba a nuestro país reclamaba una atinada visión, mejor tecnología y mejores sistemas de administración, producción, ventas y distribución.

La industria del pan de caja estaba en la punta de un triángulo fatal y podía caer hacia cualesquiera de sus lados en caso de que no se ejecutaran las acciones necesarias. Era el momento de actuar. Era el instante propicio para transformar e innovar la industria o para perder la oportunidad que quizás otros hombres más capacitados y ávidos de triunfar podrían aprovechar.

En efecto, ante el creciente mercado que solicitaba la oferta de un mejor servicio y de un pan de mejor calidad y frescura, la oportunidad fue descubierta y transformada en empresa por los fundadores de Panificación Bimbo, compañía que se convirtió, en relativo corto plazo, en el líder indiscutible del pan de caja en México.

Los fundadores

Los principales fundadores, además de Lorenzo, fueron mi cuñado Jaime Jorba, casado con mi hermana, un hermano de mi madre, Jaime Sendra y José Mata, compañero de escuela de mi hermano Lorenzo, que era su socio en un negocio llamado Servitje y Mata. Cuando vimos que la competencia ofrecía muy mal servicio, un servicio que incluso nos afectaba, se pensó en que se podía hacer una fábrica. Entonces Lorenzo, que trabajaba para el negocio de mi madre, se armó de valor y le anunció: "Ya no voy a trabajar contigo, nos vamos a independizar", y le pasó la estafeta de ese negocio a Fernando, mi hermano menor. Lorenzo, Jaime, Pepe Mata y en escala menor Jaime Sendra y yo, iniciamos la compañía. El mérito de su creación no se le puede dar a una sola persona, pero él fue el principal impulsor.

Para mí representó todo un desafío, pues era muy joven. Acababa de regresar de estudiar en Canadá y acudía por las noches a la Escuela Bancaria y Comercial. Mi hermano me invitó a trabajar, a invertir y a "echarle ganas" desde el primer momento. Acepté e incluso entré a trabajar a Bimbo antes que él, cuando el edificio estaba en construcción. Él seguía como gerente de El Molino y yo ya estaba aquí en el área de ventas; visitábamos clientes por toda la Ciudad de México para investigar si había aceptación para ciertos productos. Creamos las rutas, patrullamos a pie las calles. Yo empecé a trabajar el 17 de septiembre de 1945 y Lorenzo lo hizo hasta diciembre de ese mismo año.

En ese momento hace acto de presencia el señor Velasco, muy inteligente, cuyos conocimientos constituían una rara mezcla; sabía un poco de todo: budismo, electrónica, electricidad, mecánica, panificación; en fin, era una maravilla, con una personalidad especial. Él fue quien le dio la solidez técnica a la empresa. Como sabía de maquinaria y de pan, durante el montaje era mecánico y andaba de mecánico, vestido de azul y cuando acabó aquello se vistió de blanco y era panadero. Vivía en un departamento que se hizo en la fábrica.

La primera fábrica estaba en la colonia Santa María Insurgentes. Ahí sigue, aunque, claro, hoy no se parece en nada a lo que era. Al planear el negocio teníamos una mentalidad muy chica; se compró un terreno en Insurgentes, una esquinita de unos mil ochocientos metros para cons-

truir ahí. El suegro de Lorenzo, el señor Daniel Montull, que era un empresario importante de aquella época, dueño de las fábricas de cerillos La Imperial y La Central, le comentó al enterarse: "No hombre, estás mal; eso no sirve, véndanlo y yo te vendo un terreno de diez mil metros en la Santa María Insurgentes, me lo pagan poco a poco". Por fortuna se hizo la fábrica usando una tercera parte del terreno; a los dos años se utilizó otra tercera parte; a los cuatro años se echó mano de todo el terreno.

Ahora, el Grupo cuenta con setenta y siete plantas y nueve comercializadoras en dieciséis países del orbe.

Integran el Grupo más de setenta mil colaboradores.

Sus ventas en el 2001 alcanzaron los tres mil millones setecientos mil dólares.

Grupo Bimbo cotiza en la Bolsa Mexicana de Valores desde 1980.

Sus principales marcas en México son:

- Bimbo.
- Marinela.
- Barcel.
- Ricolino.
- Tía Rosa.
- Wonder.
- Suandy.

- Lara.
- Milpa Real.
- Coronado.

Sus productos más importantes son:

- Panes.
- Pasteles.
- Galletas.
- Tortillas.
- Dulces.
- Chocolates.
- Botanas saladas.
- Cajetas (dulces de leche quemada).

Como actividades de integración —no medulares para el negocio, pero que forman o conforman de manera integral los productos— cuenta con empresas de maquinaria especializada, plásticos, refacciones industriales y automotrices. Es socio minoritario de dos empresas que fabrican e imprimen envolturas flexibles de polietileno y polipropileno, así como de varios ingenios de azúcar. Participa en otras pequeñas empresas proveedoras de diversos insumos. Tales asociaciones se han consolidado con miras a asegurar la calidad y la uniformidad requeridas para trabajar con procesos confiables.

A partir del año 2000, en el Grupo Bimbo se tomó una decisión de gran envergadura: desprenderse de los seis molinos de harina que le abastecían setenta y cinco por ciento de sus materias primas, y de dos plantas procesadoras de frutas y verduras que fabricaban las mermeladas y rellenos. La separación se realizó para satisfacer la inquietud de la alta dirección de concentrarse en sus actividades medulares y evitar la desviación de fondos y de atención a aspectos que, si bien son estratégicos, no pertenecen a su área fundamental. La decisión será sin duda benéfica.

La internacionalización

En el campo internacional, las experiencias del Grupo Bimbo iniciaron diecinueve años después de su creación. En 1963, uno de nuestros socios fundadores, el señor Jaime Jorba, decidió regresar a España y fundar allá una planta de pan con la marca Bimbo. Se formó entonces una sociedad en la que él y un grupo español eran mayoría. Se logró un gran éxito, pues poco después de inaugurar la primera planta en Barcelona, se abrió otra en Madrid, llegándose, a principios de los setenta, a operar cinco fábricas.

Por diversas razones, sobre todo por el deseo de no invertir recursos fuera de México, poco a poco el grupo español tomó la mayoría. En esos años surgió una fuerte agitación de izquierda y las relaciones con los obreros se tornaron difíciles, lo cual orilló a muchos de los socios a vender sus acciones a una empresa estadounidense. Más adelante, tuvimos diferencias con los nuevos socios y por fin les vendimos el total de nuestras acciones.

En el año de 1969 tomamos la decisión de salir a otros países, pero no planeábamos instalar fábricas fuera, sino exportar. ¿A dónde? Yo recordaba una anécdota algo chusca de Emilio Azcárraga Milmo, el padre del joven Azcárraga Jean. Hace muchos años Emilio pensó lo mismo: salir y lo primero que se le ocurrió fue ir a Guatemala, El Salvador y toda esa área. Se lo comentó a su padre, Don Emilio y éste le dijo: "No seas..., si quieres salir, vete para el norte, no para el sur". Al recordarlo me dije: "Nosotros para arriba, no vamos a empezar por abajo", y empezamos a intentar exportar a Estados Unidos. Sufrimos muchos fracasos porque no contábamos con la mentalidad de calidad total que tenemos ahora: nos devolvían mercancía porque no cubría sus estándares. Exportábamos frutas a Europa y también nos devolvían los barcos. Luchamos y luchamos hasta llegar a esa mentalidad. Ahora es muy fácil decirlo, pero estamos hablando de hace más de treinta años.

No cabe duda de que Estados Unidos es un área de gran importancia para nuestro desarrollo. En 1984, después de varios intentos no muy exitosos de exportación, formamos dos pequeñas empresas distribuidoras de nuestros productos: una en Texas, con base en Houston, y otra en Los Ángeles, California. Con los años, ambas crecieron hasta transformarse en verdaderos instrumentos de penetración, no sólo en sus mercados cercanos, sino extendiéndose a poblaciones tan alejadas como Chicago y Miami.

El siguiente paso fue explorar el mercado de tortillas, de maíz y de trigo. Para ello nos ofrecieron en venta pequeñas fábricas propiedad de mexicanos, que adquirimos de manera gradual: en California, Texas, Oklahoma y Ohio.

Como era de esperarse, surgieron oportunidades de adquirir plantas de pan, en San Diego y en Los Ángeles, donde después compramos también la planta *Four-S-Webber*. Sin embargo, una operación más importante fue la adquisición del Grupo *Mrs. Baird's*, empresa familiar centenaria que contaba con diez fábricas en el estado de Texas.

Al llevarse a cabo esta operación, nos percatamos de que la situación, desde el punto de vista administrativo, resultaba complicada y era necesaria una consolidación. Por consiguiente, en 1999 se creó la empresa estadounidense *Bimbo Bakeries U. S. A.*, que abarca a todas las empresas de ese país. Asimismo, se creó un corporativo ubicado en Fort Worth, desde donde se administra toda la operación, y que reporta a la dirección general en México. A principios de 2002 se realizó la adquisición más importante que jamás se había hecho en el Grupo: la compra de cinco fábricas y los derechos de fabricación de la línea de panes Premium en Estados Unidos. Se adquirió de la compañía *George Weston Bakeries*, la operación del Pacífico con las marcas Oroweat, Entemanns, Thomas y Boboli. Estas operaciones cubren más de la mitad del territorio del país y una población de más de ciento diez millones de habitantes.

Consideramos que ha sido una compra estratégica de gran trascendencia para el Grupo y que viene a consolidar nuestras operaciones en ese importante país.

Las ventas en Estados Unidos se estiman en cerca de mil doscientos millones de dólares y representan treinta por ciento de las ventas totales del Grupo.

Nuestras experiencias en el continente americano, tanto hacia el sur como hacia el norte, son ya numerosas y hemos buscado aprovechar las oportunidades que se nos presentan, ya sea por sinergias inmediatas o por estrategia de largo plazo.

Siguiendo el orden cronológico, en 1990 una pequeña empresa fabricante de pastelillos de Guatemala nos pidió asesoría; se la dimos y después nos invitó a participar como socios por falta de capital. Con el tiempo remodelamos la planta y produjimos una línea de productos con las marcas Bimbo y Marinela.

En 1992, en Santiago de Chile nos ofrecieron dos plantas, una de pan de caja (*Ideal*) y otra de botanas saladas (*Alesa*); al principio pensamos: "No, hombre, qué vamos a entrar a Chile". Pero uno de los directivos presionó; nos mandaron fotografías y un estudio; fueron ejecutivos nuestros para allá. Por fin, nos asociamos. Al cabo de unos años tuvimos que cerrar las instalaciones viejas y deficientes con las que iniciamos y construimos una moderna fábrica de pan; lo hicimos solos porque nuestro socio ya no quiso invertir. No obstante la ayuda recibida de las Secretarías de Relaciones Exteriores y de Comercio, no conseguimos operar con la marca Bimbo, ya registrada por una empresa galletera para uno de sus productos. Continuamos con la marca adquirida en un principio, Ideal, a la que le dimos la misma imagen de Bimbo, con el osito, colores y demás elementos. En fechas recientes decidimos no continuar con el mercado de botanas saladas en Sudamérica y vendimos esa empresa.

En 1993, la empresa *Polar* de Venezuela nos ofreció una planta de panquelería, adquirida por ellos años antes. La planta, pese a ser grande y moderna, no estaba bien ubicada; sin embargo, nos pareció una buena oportunidad para entrar en ese país. La compramos y la remodelamos. Más adelante recibimos también la oferta de venta del principal fabricante de pan de caja de Venezuela, *Panificadora Holsum*. Ambas operaciones han enfrentado serios problemas, sobre todo por las fluctuaciones y la volatilidad de la economía. Nuestra experiencia en ese territorio no había sido muy exitosa, pero a partir de 1998 ha mejorado notoriamente.

También en 1993, la empresa panificadora *Las Victorias*, de San Salvador, República de El Salvador, nos ofreció en venta su pequeña planta de producción. Considerando que en Guatemala no contábamos con una línea de producción de pan, y que podíamos combinar ambas operaciones y obtener cierta sinergia, decidimos proceder con la adquisición. Con el tiempo se han hecho ampliaciones y adaptaciones a esta planta, la cual atiende primordialmente el mercado centroamericano.

Años después adquirimos en Costa Rica la planta panificadora *Cinta Azul*, ahora convertida en Bimbo, después de algunas ampliaciones y adaptaciones. En fechas recientes agregamos a esta operación otra línea de especialidades de panificación y la línea Breddy.

En 1996 inauguramos en Bogotá, Colombia, una nueva fábrica Bimbo en asociación con el *Grupo Noël de Medellín* (Sindicato de Antioquia).

Después de negociaciones con fabricantes locales que no fructificaron, en 1997 construimos por nuestra cuenta, en Buenos Aires, Argentina, una fábrica moderna y preciosa, quizá la más avanzada en el aspecto tecnológico del grupo (el presidente Menem nos felicitó efusivamente cuando la inauguró). Debido a la paridad del peso con el dólar que tanto tiempo sostuvieron, el costo de la mano de obra era brutalmente caro en ese país (siete a uno en comparación con México), más que en Estados Unidos (donde estaba seis a uno). Por consiguiente, metimos toda la automatización posible porque era costeable; en México no vale la pena automatizar algunas cosas porque resulta más caro que la mano de obra. Sin lugar a dudas, nuestra experiencia en Argentina ha sido la más difícil y la más costosa, pues los objetivos de ventas no se han alcanzado. La línea de panes ha rendido buenos resultados, pero no ha sucedido lo mismo con las demás. Poco a poco hemos ido avanzando, aunque ahora, con su situación tan dramática, no hay ninguna certidumbre sobre lo que pueda suceder.

En 1998, por invitación del grupo empresarial *Alicorp*, instalamos en sociedad una planta Bimbo en Lima, Perú. A sabiendas de que se trata de un mercado más bien pequeño y de una economía en proceso de transformación, no esperamos resultados positivos a corto plazo; pero ésta forma parte de una estrategia de instalación de nuestras marcas en América Latina y albergamos expectativas optimistas respecto al futuro cercano.

Igualmente, a principios del 2001 adquirimos también en Brasil tres plantas de la empresa *Plus Vita*, una en Sao Paulo, una en Río y otra en Recife, las cuales constituyen un nuevo reto que nos permite estar presentes prácticamente en toda Sudamérica.

Desde las fábricas mencionadas surtimos a otros países de la región, como Uruguay, Honduras y Nicaragua, donde, en un futuro, se vislumbran posibilidades de instalar plantas de fabricación.

En todos los casos hemos procurado asociarnos con empresas o personas de los países en cuestión. Las experiencias en este sentido han sido múltiples: tenemos socios minoritarios en Venezuela, Colombia y Amarillo, Texas. Estuvimos asociados en Guatemala, Chile y en una de las empresas de Venezuela, pero por diversas razones los socios no continuaron con el grupo. Desde luego, varias operaciones las iniciamos o adquirimos como propietarios únicos (Argentina, El Salvador, Costa Rica y casi todas las de Estados Unidos).

El tamaño de nuestras inversiones es muy variado, dependiendo de la zona que podemos cubrir: desde pequeñas plantas que costaron tres o cuatro millones de dólares, hasta aquellas de sesenta millones de dólares.

Sin embargo, el grupo también ha cometido errores, de los cuales ha aprendido, capitalizando la experiencia para mejorar sus operaciones y su ingreso a nuevos mercados. Entre los más importantes, podemos mencionar: a) errores de apreciación de los diferentes mercados, a pesar de los estudios supuestamente bien realizados en el área (líneas enteras de productos que tendrían buena venta, simplemente no funcionaron); b) si bien ofrecemos productos de calidad a un precio justo, en algunas localidades éste resulta elevado, por lo que las ventas no alcanzan niveles razonables. Desde luego, también tiene mucho que ver la estabilidad de las economías locales, y, como sabemos, distintos países han sufrido desaceleraciones económicas y devaluaciones que nos afectan, sobre todo por las pérdidas cambiarias.

En todas nuestras sociedades, la administración está bajo nuestro control y procuramos que, pasado un periodo razonable, los directivos sean originarios del país en cuestión.

Ahora, en mucha menor escala, pero con gran ilusión, incursionamos de nuevo en el continente europeo. Digo de nuevo porque, como ya mencioné, hace más de treinta y cinco años teníamos cinco fábricas en España.

Nuestras modestas participaciones en Europa se iniciaron en 1998, con la adquisición de una distribuidora de confitería con sede en Hamburgo, Alemania, dedicada principalmente a la distribución de dulces y chocolates en Europa Oriental, sobre todo en Rusia, y en Asia, particularmente en China. Para esta empresa, denominada *Park-Lane*, a mediados de abril de 1998 compramos dos modernas fábricas de producción, una de chocolate en Viena, Austria, y otra de gomas y caramelo en Ostrava, República Checa. Los entonces embajadores de México en esos países, la señora Olga Pellicer y el señor E. Gonzalo Aguirre, participaron en la inauguración de las respectivas fábricas y manifestaron en público su satisfacción de contar con inversiones mexicanas por esos lares. En el caso de Austria, parece que somos los primeros; y en la República Checa, la segunda inversión después de una del Grupo Alfa. Las plantas que compramos eran dos instalaciones modernas que habían fracasado debido a la contracción de la economía de la antigua Unión Soviética y quedaron en manos de los bancos, de quienes las adquirimos.

El nacimiento de un triunfador

Marinela nació en 1956 con el nombre de Pasteles y Bizcochos, S. A. La idea era hacer pasteles, redondos. Fracasamos. Los vendedores decían que no se vendían, que estaban muy caros, que las cajas... Entonces el señor Velasco comenzó a sacar los pastelitos pequeños, que eran variaciones de mantecadas con crema y mermelada, desenvueltos. Éstos, en las tienditas de los pueblos se llenaban de tierra, pero aun así se vendían. Poco a poco Marinela fue dando la vuelta y un buen día el señor Velasco sacó tres pastelitos: uno que se llamó Gansito, otro llamado Bombonete y otro Negrito. Se introdujeron al mercado con publicidad y los vendedores pedían "Ganebos" (Gansito, Negrito y Bombonete): tres charolas o veinte charolas de "Ganebos". Pero poco a poco ya no eran Ganebos, eran cinco de Gansito, dos de éste y una del otro. Hasta que nos dimos cuenta de que el Gansito era un súper ganador y comenzamos a invertirle; originalmente venía envuelto, con una pieza de cartón arriba, un ojillo de metal para colgarlo y un capacillo. Era carísimo; lo vendíamos a ochenta centavos, después hubo que subirlo a un peso, y cuando se requería subirlo a 1.10 dijimos: "No". Comenzamos por quitarle el gafete y el arillo. Como casi se hacía a mano —con unas bolsas le inyectaban la mermelada y la crema—, se fue automatizando su producción. Hoy incluso se acomodan automáticamente, ya no hay trabajo manual. Hemos llegado a hacer diez millones de Gansitos en una semana. No cabe duda, el Gansito nació como un ganador al que fuimos arropando y cuidando.

Capítulo 2

FACTORES QUE IMPULSARON NUESTRO CRECIMIENTO

∞

El valor del esfuerzo

Podría pensarse que la vida tranquila, sin presiones y sin necesidad de hacer esfuerzos, es precisamente lo que responde a nuestros anhelos de felicidad. La experiencia parece indicarnos lo contrario. Si pedimos a las personas que compartan alguna experiencia que recuerden con orgullo y satisfacción, por lo general hablarán de algo que realizaron y que significó un reto; de alguna ocasión en la que trabajaron denodadamente, cuando hicieron esfuerzos fuera de lo ordinario.

Dado lo anterior, estoy seguro de que, aunque en apariencia buscamos la felicidad en el esparcimiento y la tranquilidad, lo que en verdad nos satisface y nos hace felices es realizar algo, no importa cuánto esfuerzo —e incluso sacrificios— debamos invertir.

Sólo el que se esfuerza y ahorra ve recompensado su trabajo con reservas económicas que le permiten afrontar la vida con mayor tranquilidad y, además, gozar esa profunda satisfacción de haber realizado algo bien.

Confianza en México

Uno de los factores —de hecho el medular— que impulsó el crecimiento del grupo, fue *la confianza en México*. Nunca pensamos en ver hacia atrás, sino siempre hacia adelante, a veces emprendiendo acciones que podrían parecer ilógicas o negativas para el negocio.

Cuando iniciamos la fabricación de pan, se distribuyó en el Distrito Federal. Después se iniciaron rutas a los estados de Morelos, Hidalgo y Veracruz. Varias de las rutas que iniciábamos causaban más pérdidas que ganancias. Les llamábamos "rutas de hacer patria": no ganábamos dinero, pero sí mercado; *pensábamos que a la larga era más importante el mercado que el dinero*. Y así lo comprobamos.

Integración

Con el objetivo de mantener la calidad y el abasto, en ocasiones nos hemos visto precisados a integrarnos verticalmente. Cuando el consumo de Gansito empezó a crecer, tuvimos problemas con la mermelada de fresa, insumo que nos proveían de Tepic y Puebla. Al aumentar nuestra demanda, los proveedores no pudieron soportar el crecimiento. Nos vendían la mermelada adulterada, la cual podía llegar en buen o mal estado. Debido a nuestras políticas de calidad total, no podíamos permitir esta situación. Por tal razón, incursionamos en la producción de mermelada de fresa, instalando en Zamora la que ahora es la planta empacadora más grande de México.

Con las harinas sucedió algo similar. La oferta de venta de Wonder incluía un molino. Al hacernos cargo de su administración, descubrimos que con él podíamos operar con mayor eficacia. Ahí se inició nuestra nueva aventura en molinos. Con los años llegamos a ser el conjunto molinero más grande de México.

También arrancamos una operación de manufactura metal-mecánica con la cual fabricamos jaulas, carros para moldes y exhibidores. Contamos con más de cuatrocientos mil puntos de venta y cada uno tiene de tres a cuatro exhibidores. La cantidad de exhibidores que requerimos es muy grande: los necesarios para las nuevas tiendas y para reponer los existentes, que se ensucian o se rompen. Fabricamos estos artículos con equipo robotizado, con una calidad excelente, a gran velocidad, de manera económica y con un precio inmejorable.

Afán de crecer: expansión territorial

El afán de crecer se convirtió en una obsesión, obsesión que fue satisfecha mediante una expansión territorial. Abrimos plantas donde era necesario, buscando siempre crecer para atender mejor a nuestros clientes y consumidores.

Reinversión

La reinversión representó un factor diferenciador en nuestro crecimiento. No hay crecimiento sin recursos, los recursos de los accionistas son finitos, y no pueden seguir invirtiendo de manera permanente. La única fuente de financiamiento, además de los préstamos, es la reinversión de las utilidades. El ritmo de crecimiento ha sido consistente en el grupo; si bien los dividendos que otorgamos son modestos, el valor de nuestras acciones crece debido a las políticas de reinversión.

Mantenimiento de políticas de calidad–austeridad–servicio

La austeridad y el servicio son dos factores de singular relevancia para el crecimiento del grupo.

Analicemos primero la austeridad. Si una empresa despilfarra sus recursos en lujos y situaciones ostentosas, será difícil que logre un lugar permanente en el mercado y que mantenga un ritmo de crecimiento continuo. En Bimbo buscamos ser austeros, invertir en lo que hay que invertir, y ahorrar en lo que hay que ahorrar.

Austeridad no significa dejar de gastar, sino gastar sin adornos. Nosotros buscamos invertir más que gastar, y la austeridad nos ha ayudado a mantener bajos nuestros gastos. Si logramos gastar menos, ganaremos más y podremos tener más efectivo para crecer.

Aunque el servicio no es un disparador directo del crecimiento, es un generador indirecto. Todos en el Grupo sabemos que si proporcionamos productos de calidad y buen servicio a nuestros clientes, ellos se sentirán a gusto comprándonos y vendiéndolos.

Si brindamos un buen servicio (cambio de productos, frescura), nuestros consumidores buscarán nuestros productos por encima de otros. A fin de cuentas, toda acción encaminada a mejorar el servicio repercute en un incremento de las ventas, lo cual está directamente relacionado con el crecimiento.

Diversificación de líneas

Cuando logramos la mayor participación dentro de un segmento de mercado o una línea, investigamos si podemos satisfacer otras necesidades de los mismos clientes. Eso nos lleva a crear nuevos productos.

Nuestro propósito es siempre fabricar las líneas de productos que comercializamos, no distribuir productos de otros, mucho menos distribuirlos con nuestras marcas si no son fabricados por nosotros.

Delegación

Si quisiéramos hacer todo nosotros, sería imposible. Bimbo siempre ha buscado, bajo el principio de subsidiaridad, delegar tareas a los colaboradores que estén preparados para llevarlas a cabo. La delegación es esencial para el crecimiento, toda vez que más personas podemos hacer más que sólo un pequeño grupo trabajando aisladamente. Los jefes deben delegar sus labores de manera que ellos, como jefes, también puedan crecer. La delegación y el tema de los jefes se comentará con mayor amplitud más adelante.

Exportación/internacionalización

La incursión en nuevos mercados fue el factor determinante para nuestro dinámico y rápido crecimiento internacional, iniciado con la planta de Guatemala. La exportación desde México y los demás países donde tenemos plantas instaladas, hacia el extranjero, ayudó también a incrementar las ventas y, por consiguiente, a crecer.

Orden, limpieza y calidad

Cuando empecé a trabajar en Bimbo, mis labores no entrañaban gran calidad administrativa. En un principio me hice cargo del área de ventas. Luego estuve en la tesorería, en la caja y poco después asumí la dirección de vehículos. Conforme la compañía crecía, los camiones sufrían muchos choques, desbieladas, descomposturas y no había quien manejara ese asunto. Como en Canadá fui cadete de aviación y en la escuela nos enseñaron mecánica de aviones, tenía cierta experiencia, además de mucho interés en esa área. La estudié y organicé todo el departamento de vehículos, función que desempeñé durante siete años. Después ocupé la gerencia de ventas de Panificación Bimbo y luego la gerencia general de Guadalajara.

A partir de ese momento creo que mi participación ya tuvo una influencia diferente en el grupo.

Desde que llegué a Guadalajara observé que la limpieza y el orden de la planta eran distintos de lo que estábamos acostumbrados. Había una mayor preocupación por el orden y la calidad; incluso esto era un tanto criticado porque conlleva costos. Ahora puedo afirmar con orgullo que de los primeros niveles de calidad que hubo en Guadalajara a los segundos y a los terceros, hay una diferencia del cielo a la tierra. De ahí arrancó la visión que nos ha guiado.

> *Nuestras plantas actuales son verdaderamente impresionantes en materia de orden, de limpieza, de calidad; la mayoría están en la norma* ISO *9000.*
>
> *Otro cambio que podría atribuirme es el de la modernización de la empresa; costó trabajo porque nuestra mentalidad, la mentalidad de los más viejos, diría, era de no hacer muchos gastos. Sin embargo, con trabajo conseguimos modernizar gradualmente la empresa.*

Tecnología de punta-modernización

La tecnología de punta y la modernización de las plantas han sido un aspecto clave para el crecimiento. Este factor se basa en la competitividad, más que en la modernización *per se*. Cuando iniciamos con la exportación, como ya comentamos, enfrentamos problemas por las diferentes definiciones de calidad en México y en Estados Unidos. Ellos trabajaban con estándares de calidad más altos que los nuestros, de tal suerte que tuvimos que modernizar nuestras plantas para competir con ellos.

La modernización nos llevó a mejorar las plantas, los procesos productivos y, en consecuencia, las ventas. La modernización nos llevó al crecimiento de las ventas y la disminución de los costos.

Muchas veces el empresario ve limitada su capacidad de reinversión o de inversión en tecnología y otras organizaciones van creciendo y mejorando procesos. En Bimbo creo que hasta pecamos —o pequé— de lo contrario. Claro, ahora los beneficios están a la vista, pero analicemos dos ejemplos.

En 1973, en la planta de Marinela Azcapotzalco teníamos unos preciosos hornos alemanes para galletas. Pues bien, al arrancar el plan de calidad total nos dimos cuenta de que no nos daban calidad total: de un lado las galletas salían más doraditas y del otro más blanquitas, aunque ambas eran muy buenas. Se buscó si el problema radicaba en los quemadores o en los pirómetros, y nada. De pronto encontramos que había hornos que sí daban esa calidad total; y aunque un horno de ese tipo por lo general se amortiza en treinta años —hay panaderías con hornos de cincuenta años—, a los siete nos deshicimos de los nuestros y adquirimos hornos daneses nuevos que nos dan una calidad extraordinaria.

Otro ejemplo es que previamente la harina se manejaba en costales y tuvimos que negociar con harineros y transportadores para cambiar a un manejo con sistemas neumáticos.

Si bien algunas medidas pudieran considerarse un tanto exageradas (cambios de maquinaria, visitas anuales a todas las exposiciones en todo el mundo en busca de equipos, transportadores, batidoras y sistemas mejores), siempre es-

tuvimos a la vanguardia, aun en exceso. Por su tecnología, nuestras plantas están en un nivel superior a las de Estados Unidos, Europa y otras regiones.

La estructura

Actualmente estamos reorganizando la estructura administrativa del Grupo para simplificarla. Teníamos más de cuarenta compañías en México, y en el 2002 tenemos tres. Se trata de una consolidación, una reducción de razones sociales.

Operábamos con un sistema de gerencias, con una estructura de gerencia en cada fábrica, el cual estamos modificando.

Teníamos un sistema de reparto por línea, al grado que a algunos establecimientos llegaban ocho o nueve diferentes camiones del Grupo a surtir distintos productos. Eso es costosísimo, pero tiene sus ventajas. En España nuestros socios nos hicieron cambiarlo: se juntaron los pasteles y el pan en una sola ruta y, evidentemente, perdimos ventas.

Ahora, por la globalización, por la competencia internacional, por la presión económica que se está resintiendo, hemos buscado métodos de distribución más costeables. Por ejemplo, a los grandes autoservicios, en vez de que vayan siete u ocho camiones, va uno, muy grande, surtido con toda la línea de productos. Ni siquiera lleva un vendedor sino un chofer. Dentro del establecimiento está una persona del Grupo que recibe toda la mercancía, que sabe dónde se acomoda, qué firma, qué cobra y todos los detalles.

Sí, en Bimbo, como en otras organizaciones, están ocurriendo cambios dramáticos. Lo importante es estar alerta al funcionamiento de la estructura.

Los secretos del éxito (resumidos)

1. Una clarísima idea de lo que es **servicio**; saber que lo que hagamos debe redundar en beneficio del público consumidor: precio, calidad, presentaciones, productos, etc. Servicio. Siempre hemos procurado, más que ganar dinero o hacer cosas, servir bien. Creo que eso ha sido fundamental.

2. La **reinversión**. Desde su fundación la empresa reinvierte la enorme mayoría de sus utilidades. En 1980, cuando entramos a la Bolsa de Valores, se especificó a los posibles inversionistas que la empresa paga un máximo de veinte por ciento de sus utilidades como dividendo; todo lo demás se reinvierte.

3. El **crecimiento**. Siempre hemos luchado por extendernos, por crecer. Cuando se nos acabó la República Mexi-

cana, cuando ya no cabíamos, comenzamos a buscar afuera y cuando se acabe el continente, seguiremos pensando en crecer.

4. El **mercadeo**. El Grupo ha realizado actividades de mercadeo desde sus inicios, aunque en ese entonces se hizo en forma rudimentaria. ¿Qué entendemos por mercadeo? El diseño de los productos y de las envolturas; el tamaño de las presentaciones; los precios de los productos; la publicidad; la promoción. Creo que fuimos la primera empresa panificadora que se hacía publicidad; antes de que existiera la televisión lo hacíamos en cines, en revistas, en periódicos, con camiones de sonido.

5. Nuestro **interés permanente por la persona**, por respetarla y tratarla con absoluta justicia. Buscar la subsidiaridad, es decir, buscar la oportunidad de que crezca, que cometa errores, que pueda participar, involucrarse. En esencia queremos que nuestra organización sea altamente productiva y plenamente humana. No hemos alcanzado con cabalidad ninguna de las dos cosas, pero es una preocupación constante, seria, pues pensamos que su activo más importante es su personal, y dentro de su personal lo más importante son los jefes. ¿Por qué? Porque son ellos quienes seleccionan, quienes capacitan, dan entrenamiento, motivan, inspiran, y quienes verdaderamente hacen la empresa.

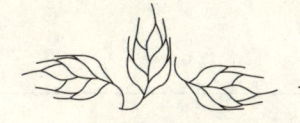

Recuerdo que en la inauguración de una fábrica en Sudamérica alguien me felicitó: "Qué cosas tan buenas haces". Yo le respondí: "¿Sabes?, yo no hago nada, más bien estoy sorprendido de lo que hace mi gente; yo nada más firmé por ahí un papelito y mira la fabricota que montaron". Nosotros no hacemos nada sino ellos. Por eso son los jefes los que mantienen el espíritu de la compañía, los que tienen iniciativas, que pueden equivocarse y cuentan con la oportunidad de rectificar.

6. El interés permanente en el **desarrollo de nuevos productos**. Nacimos con cuatro productos; Pan chico, Pan grande, Pan negro y Pan tostado. Hoy tenemos más de tres mil seiscientos productos.

    El siguiente es un ejemplo que me enorgullece: hace varios años me di cuenta de que las tortillas de harina tenían buen potencial. Cuando quisimos elaborarlas descubrimos que no había maquinaria automática para ello. Encargamos a los departamentos de ingeniería que intentaran diseñar equipos. En Monterrey se construyó una máquina enorme que no sirvió para nada, pero con el tiempo, con asesoría norteamericana, llegamos a producir unas líneas de tortillas.

    Hoy, ese producto, Tortillinas Tía Rosa, ocupa el cuarto lugar en ventas del Grupo: Pan grande, Gansito, Pan integral y Tortillinas.

Nuestra aportación al consumidor

1. **Todos nuestros productos cuentan con el más alto control de calidad.**

2. La producción en serie, en cantidades grandes y automatizada, hasta robotizadas en muchos casos, genera también **costos muy bajos,** lo que redunda en los precios de los productos.

3. **Nutrición**. Además de contar con materias primas de excelente calidad, nuestros productos están enriquecidos con vitaminas y proteínas.

4. **La higiene**. Todos los productos se venden envueltos, se distribuyen en camiones limpios; lo que no se vende se recoge.

5. **La frescura**. Si usted, lector, va a un autoservicio, a una tienda y compra un pan, sabe que es fresco. ¿Por qué? Porque si no lo estuviera, ya lo habríamos recogido. Los productos tienen una clave y los vendedores saben que, religiosamente, tienen que cumplir con esa norma, sin excusa.

Capítulo 3

NUESTRA COLUMNA VERTEBRAL

Vemos a la empresa como una comunidad de personas, que trabaja de manera permanente en construir una empresa altamente productiva y plenamente humana.

El espíritu de nuestra empresa lo formamos todos, siguiendo nuestra regla de oro: Respeto, Justicia, Confianza y Afecto.

"Al principio no nos alcanzaba el tiempo para poner por escrito lo que hoy nos guía. Sin embargo, para nosotros era muy claro, por nuestra formación cristiana, que la persona no es un instrumento."

Lorenzo Servitje Sendra

"...que la empresa no sólo haga cosas con los hombres, sino que haga hombres con las cosas."

Andrés Restrepo

Importancia de una filosofía empresarial

Sólo conseguimos caminar por la vida con serenidad cuando entendemos su sentido sobrenatural, es decir, cuando logramos comprender y aceptar que el hombre, a diferencia del resto de la creación, vino al mundo con la finalidad de trascender.

Yo estoy convencido de que Dios nos creó, nos puso en el mundo y quiere que seamos sus instrumentos para que se realicen muchas cosas. Él podría acabar con el mal en el momento que quisiera, de un plumazo podría acabar con la miseria, con la pobreza. Pero no, Él desea que seamos sus brazos, sus manos y que llevemos a cabo ese trabajo.

Sí, el hombre nace con una finalidad trascendente: venir al mundo a **ser útil**, ser instrumento de redención para los demás. Si venimos a pasarla bien, a vivir egoístamente, a no pensar en los demás, a no querer a otros, frustramos la finalidad para la que fuimos creados.

En fechas recientes participé en una conferencia en la Universidad Francesa de Montreal. Uno de los conferencistas era islámico y estaba sentado a mi lado. Había protestantes y miembros de otras religiones. Me sorprendió la similitud entre los valores islámicos y los nuestros: anhelamos lo mismo. La esencia del Islam y la de las creencias judías son similares a la cristiana. Buscamos el mismo fin. No estamos equivocados quienes profesamos religiones monoteístas; cada uno tiene una determinada responsabilidad: el maestro, el empresario, el profesional. Con los elementos que Dios nos ha dado y los que necesitamos desarrollar, debemos servir a los demás y cumplir nuestra misión trascendente.

Si bien la doctrina Social Cristiana es la base de lo que es Bimbo, muchos principios de nuestra filosofía son compartidos por otras religiones. Hace años impartí una conferencia en Bombay. Eran más de quinientos asistentes y tal vez seríamos unos treinta cristianos, entre ellos el científico que hizo "La Revolución Verde", el doctor Norman Borlough, quien en la India es venerado. Hablamos de responsabilidad social, de valores éticos en la empresa y los hindúes y los sikhs pensaban igual que nosotros. Creo que los valores fundamentales de la humanidad son:

- *Respetar y querer a las personas*
- *Permitir que crezcan*
- *Solidarizarnos*
- *No vivir con egoísmo sino con generosidad*
- *Pensar que el trabajo tiene un mérito*

Y la Doctrina Cristiana ha sabido captar, interpretar y difundir esos valores.

La esencia de nuestra misión puede sintetizarse en la palabra "servir". En la medida en que hayamos recibido dones, tenemos que aplicarlos al servicio de los demás; y en la medida en que los apliquemos, encontraremos paz y satisfacción por el deber cumplido. La felicidad terrena quizás anda más cerca del intento que de la realización; está más próxima al esfuerzo que a la culminación; es amiga de la tenacidad, de la perseverancia, de la sencillez y del amor. Pero, aun cumpliendo con nuestra finalidad de servir, no podemos esperar la felicidad completa; la vida es trunca y está compuesta de alegrías y tristezas, de gozo y dolor, de éxitos y fracasos producto de nuestros actos pasados, realizados con mayor o menor conciencia de sus consecuencias. El análisis de dichos actos nos brinda la oportunidad de aprender a vivir con mayor sabiduría y con ese aprendizaje volvernos más adultos.

Así como el ser humano camina por la vida con una filosofía, las instituciones que crea poseen también una manera de pensar, una manera de ser que, conscientes o no, organizadas o no, sin embargo, se dan.

La mayoría de las empresas cuentan con una filosofía explícita, bien definida y por escrito. Otras la practican sin tenerla totalmente clara, y otras ni siquiera están conscientes de vivirla.

Sin embargo, la historia reciente nos advierte que en la dura lucha por la supervivencia sólo prevalecen las empresas con una base sólida y con una serie de valores, de principios rectores que les permiten cobrar fuerza institucional. La columna vertebral de la empresa no es su organización, no son sus sistemas, no es su tecnología, por más avanzada que sea.

La base y el sustento de la empresa, el primer trazo que debe esbozarse de ella, es su filosofía empresarial.

La filosofía empresarial, constituida por el conjunto de sus valores, costumbres, práctica, visión, razón de ser y función, puede o no estar en nuestras manos. Algunas organizaciones inician sus operaciones con una panorámica clara de cuáles serán los valores que regirán su comportamiento; otras no, la van bordando en el camino.

La filosofía empresarial, que está compuesta por ideales y pensamientos:

- No cambia con el medio ambiente.
- No depende de los cambios macroeconómicos, de la política o los bloques comerciales.
- **Depende del espíritu, de los pensamientos de los dirigentes de la empresa y de cómo logren permearse en todos los niveles.**
- Nos ayuda a mejorar nuestra posición ante el mundo. En esta época de cambios, ante las oportunidades que se acercan, en especial por la globalización de la economía, la apertura económica y los cambios sociopolíticos internos y externos, es indispensable tener una filosofía empresarial con una mística rica, profunda, que abarque no sólo los principales valores, sino también los grandes principios sociales.

Es necesario desarrollar una ideología clara, ilustrada, en la que los principios de solidaridad, respeto a la persona, justicia y valor del trabajo, ocupen un lugar preponderante.

Asimismo, es necesario formular normas que fomenten las buenas costumbres, impulsen el desarrollo, estimulen la participación, promuevan la relación fraternal e induzcan al servicio de todos.

La filosofía empresarial puede ayudar en gran medida a conseguir el primer punto: fomentar las buenas costumbres y propiciar buenos hábitos de los colaboradores. Para que eso suceda, es indispensable que la filosofía esté bien cimentada e impulse el desarrollo de las personas para que mejoren sus habilidades, competencias y cultura. También deberá facilitar su participación en diferentes ámbitos empresariales, como son la propiedad, las utilidades y el cumplimiento de las funciones. La relación fraternal es promovida cuando el colaborador se desenvuelve en un entorno de cordialidad y respeto, tanto a la dignidad del hombre, como a su individualidad y opiniones. Por último, al estar al servicio de todos por igual, dicha filosofía tendrá toda la credibilidad y apoyo necesarios.

En cambio, si busca el beneficio de unos cuantos, tarde o temprano los colaboradores la abandonarán.

La filosofía empresarial deberá:

- Provocar el crecimiento cuantitativo y cualitativo por un lado y, por otro, apoyar la reinversión, investigación, innovación, creatividad, dinámica y visión a largo plazo.

▶ Dictar valores que atraigan a personas de altos ideales y alejen a las que sólo pretendan negociar o medrar. Estos valores propiciarán la integridad y desterrarán la corrupción.

En la filosofía habremos de incluir preceptos que incluyan:

▶ El cuidado de la ecología.

▶ La limpieza de la publicidad.

▶ El respeto a las leyes.

▶ El cumplimiento exacto de las responsabilidades fiscales.

▶ Lineamientos que induzcan a la responsabilidad cívica y política.

▶ Lineamientos que promuevan el ahorro y la austeridad.

Es decir, un conjunto de normas que tiendan al fortalecimiento del bien interno y al crecimiento del bien común.

Para que la compañía pueda cumplir con las responsabilidades internas y externas que le corresponden, será esencial que su filosofía empresarial, clara y precisa, oriente e inspire a su personal. Los primeros que deben entenderla y vivirla son quienes tienen en sus manos la toma de decisiones. Debe desterrarse la pugna entre dirigentes y colaboradores y luchar por una relación justa y humana en su actividad productiva.

La empresa no es una entidad viva *per se*, cobra vida a través de su personal y sus accionistas. Su desarrollo depende en gran parte del desempeño individual y en equipo de sus integrantes.

Pareciera que con las revoluciones científica e industrial se perdió la importancia del hombre y que la empresa lo usa. Esta premisa se confirma incluso con el nombre que se da a las personas dentro de las empresas: recursos humanos, empleados. De tal suerte que el administrador es aquel que maneja los recursos financieros, materiales y humanos. El hombre se vuelve un engrane de la empresa y no el alma de la misma.

La empresa como institución. Su inserción en la historia

La empresa, como la conocemos hoy, es una institución reciente; sin embargo, sus bases son casi tan antiguas como la humanidad.

Diez mil años antes de Cristo, las tribus nómadas practicaron la división del trabajo para hacer posible la cacería, y los sumerios crearon un sistema de contabilidad.

Varios siglos después, en la realización de sus enormes construcciones, los egipcios se valieron de la planeación, la organización y el control para operar con grupos de trabajadores incluso superiores a cien mil personas.

De Babilonia se conservan registros de la existencia del salario mínimo y la delegación de autoridad.

En nuestra era, en Italia aparecieron la banca y la partida doble en la contabilidad.

El Renacimiento, la Revolución Científica, la constitución de los primeros Estados-nación, las exploraciones, los descubrimientos y la reforma protestante, gestan la revolución económica. De ella nace el sistema de mercado, explicado por Adam Smith, cuya filosofía se centra en la división del trabajo.

A finales del siglo XVIII terminaba el llamado capitalismo comercial, propiciado por la navegación y las colonizaciones, y se iniciaba el capitalismo industrial, impulsado por la máquina de vapor. A mediados del siglo XIX, éste cede paso al capitalismo financiero, caracterizado por la preponderancia de las finanzas sobre las otras áreas de las empresas.

Sistemas económicos

Las prácticas, costumbres y técnicas mencionadas derivaron en lo que hoy denominamos sistemas económicos, los cuales, con diversas variantes, rigen el funcionamiento económico-social de nuestro planeta.

Los sistemas son:

- **Economía de subsistencia.** El tradicional que aún opera en las regiones marginadas.
- **Economía planificada, autoritarista y centralizada.** El que funciona en el mundo socialista-comunista.
- **Economía de mercado o libre mercado.** El que funciona en los países capitalistas.

A continuación los analizaremos.

Economía de subsistencia

Más que apegarse a un modelo económico identificado, la economía de subsisencia se maneja en las regiones de escaso o nulo desarrollo y sólo permite la sobrevivencia a sus habitantes.

Economía planificada, autoritarista y centralizada

La primera variante de este sistema, el comunismo, está en franca decadencia, particularmente porque viola los derechos fundamentales del hombre.

Por su parte, el socialismo, en sus distintas modalidades, se ha transformado y adaptado mejor a las realidades económicas y humanas. Creo que muchos de sus postulados son buenos, pero también estoy de acuerdo en que otros están en contra de los anhelos fundamentales del hombre.

No es aquí el lugar, ni poseo la capacidad para hacer un claro análisis de este sistema; tan sólo me atrevo a externar mi visión, como empresario, en el sentido de que esos sistemas no sólo frenan la sana economía, sino que manejan resabios de planificación autoritarista y centralizada que la experiencia nos ha enseñado que no funcionan. El punto contradictorio es que los países con gobiernos "socialistas" que obtienen resultados económicos y sociales positivos los consiguen aplicando los principios de libre mercado.

Economía de libre mercado

Desde los principios de esta década, con el derrumbe del sistema totalitario soviético, la mayoría de la humanidad vivimos dentro de un sistema de mercado.

Lo han nombrado de diversas maneras: economía de mercado, sistema liberal, neoliberalismo, sistema de libre mercado. En realidad, bajo diversos matices, el mundo libre vive y funciona dentro de un sistema que privilegia la libre competencia y la actividad de la iniciativa privada con la razonable legislación y vigilancia del gobierno.

Este sistema, configurado en sus inicios como un sistema liberal conocido como el "liberalismo económico", fue consecuencia del profundo cambio social propiciado por la Revolución Industrial.

Plagado de abusos e injusticias, el sistema se ha modificado en parte por la oposición y defensa de los sistemas socialistas y en parte también porque han debido reconocerse el sentido común, el sentido práctico y los principios elementales de sana convivencia humana.

Sin embargo, se escuchan voces preocupadas porque el libre mercado no ha funcionado bien, sobre todo porque no ha sido eficaz para los que menos tienen: ha acentuado las diferencias. De ahí que se habla de buscar una tercera vía.

Churchill sostenía, un tanto en broma y un tanto en serio, que *el democrático era el peor de los sistemas, con excepción de todos los demás*. Pienso que su afirmación encierra una gran verdad.

En efecto, el sistema es malo, con múltiples deficiencias, pero todos los demás que se han experimentado han sido mucho peores. Por extensión podemos decir lo mismo del sistema de libre empresa.

Algunos aspectos negativos del sistema de libre mercado son:

- Parece transmitir una doble moral a quienes lo practican.
- Por lo general en él se privilegian las cosas sobre las personas.
- No respeta suficientemente a la persona humana, más bien la utiliza.

Sin embargo, el sistema tiene aspectos positivos, incluso excelentes:

- Promueve la libertad, que es un valor de orden primario.
- Promueve la creatividad; la laboriosidad; el ahorro; la inversión; la productividad.
- Promueve la innovación y la creación de empleo, entre otros muchos factores.

Y es precisamente aprovechando estos aspectos que facilitan el desarrollo humano como podemos equilibrar este sistema e inyectarle una dimensión social.

Hacia una empresa con responsabilidad social

¿Cómo conseguir que el sistema de libre mercado, que parece ser el único que podría funcionar para bien de la humanidad, sea mejor?

La respuesta es sencilla: **humanizándolo. Dándole un fuerte contenido de responsabilidad social. Haciendo que no sólo sea bueno para unos cuantos sino para todos.**

En el caso de Bimbo, desde hace unos cuarenta años estamos afiliados a la USEM *(Unión Social de Empresarios Mexicanos), la cual, a su vez, pertenece a la* UNIAPAC *(Unión Internacional Cristiana de Dirigentes de Empresas), con ramificaciones en todo el mundo. Los objetivos de ambas asociaciones son la difusión y la implantación de los principios de la Doctrina Social en el empresariado.*

Pero, por desgracia, para el empresariado occidental esas ideas no son claras. Las utilidades son las que cuentan. En la mayoría de las empresas no hay conciencia de estos valores, no por maldad sino por tradición, por costumbre. Si partimos de la época del liberalismo, del advenimiento de la máquina de vapor y los cambios relacionados, de Adam Smith, vemos que la empresa se transforma: primero es manejada por quienes tenían alguna idea de organización; después, por economistas, por financieros. Al conformarse los gremios los objetivos eran muy claros: producir al precio más barato, vender al precio más caro y conseguir la mano de obra más barata (niños, mujeres, largos horarios). Poco a poco, a través de los sindicatos, del socialismo, de la doctrina de la Iglesia, se ha llegado a una situación menos salvaje. Pero los sistemas que pueden llamarse de libre empresa no tienen todavía una clara conciencia social; la mayoría de los empresarios de México y del mundo no la tienen.

En una ocasión fui a impartir una conferencia en la Universidad de Northwestern en Estados Unidos. Me invitaron a hablar precisamente sobre responsabilidad social. Llegué un día que era una fiesta judía y el Dean me informó que me acompañaría al salón pero que desgraciadamente no podría quedarse. Pues bien, después de presentarme se sentó cerca de la puerta y nunca se fue. Escuchó toda la plática. Al terminar, el director de ética me pidió: "Explíqueme toda esta cuestión social". Así lo hice y su comentario fue: "¿Sabe? Tiene razón, pero aquí esto no funciona. Sí necesitamos un desarrollo desde la familia, pero no se puede hacer".

En 1969 estuve en Harvard en un curso que duró varios meses, en el que al principio no se hablaba nada de ética. Descubrí que algunas personas tenían inquietudes similares a las mías, entre ellas un sacerdote que ahora es obispo. Nos reunimos y le planteamos al rector: "Oiga, no se habla nada de responsabilidad social; aquí es puro business, puro cómo pelearse con los sindicatos". Y nos dio la oportunidad de ha-

blar hora y media cada semana sobre responsabilidad social. La asistencia era muy buena, pero la verdad es que había cosas que no entendían. La gran mayoría de los empresarios tienen normas de ética y ciertos valores; pero una clara conciencia social, no la hay. Y ésa es la batalla, la lucha, el trabajo de la USEM. *Llega a ser frustrante: después de cuarenta años, se consigue poco.*

Por lo anterior, en vez de buscar una tercera vía, incierta y a mi juicio inviable, lo que debe hacerse es promover un "sistema de libre mercado con responsabilidad social".

Una economía de mercado con responsabilidad social es garantía de progreso, armonía, paz social y desarrollo compartido. Quienes con visión universal hacen una evaluación del sistema concluyen que éste es bueno pero necesita humanizarse.

"El mercado es un mecanismo que ignora la justicia y la piedad. Debemos humanizarlo."

Octavio Paz

> "Queremos y lograremos los mexicanos una economía de mercado con corazón y rostro humano, con sensibilidad social. Una economía de mercado que sirva eficazmente para apoyar a los más necesitados."
>
> *Ernesto Zedillo, ex presidente de México, 1997*

En un entorno globalizado, con tantas carencias y tantas oportunidades, se requiere con urgencia complementar nuestro frío sistema de mercado con uno que tenga el cálido enfoque hacia las realidades sociales. Si proclamamos que queremos una economía de mercado, pero con responsabilidad social, pronto nos cuestionaremos qué es lo que hay que hacer y se llevaría a cabo una dramática transformación, aunque fuera gradual. Dicha transformación no sólo provocaría que hubiera personas menos pobres sino también más felices, responsables y productivas, formándose así el círculo virtuoso de mayor producción, mayor satisfacción de las necesidades de la sociedad y mayor desarrollo.

Las aspiraciones y necesidades de los seres humanos no tienen límite. Al multiplicarse los individuos, las necesidades aumentan en número.

Al progresar en el uso de la creación, se presentan aspiraciones nuevas y mejores. Por otra parte, los bienes naturales, como aparecen a primera vista, poseen sólo una capacidad limitada, y muchas veces perecedera, de satisfacer a la humanidad.

De esta evidencia surge el llamado problema económico. ¿Cómo aumentar la utilidad o potencialidad de los bienes naturales para satisfacer las crecientes necesidades humanas? La respuesta a esta pregunta es: a través de la empresa.

La empresa surge justo para dar solución solidaria al problema mencionado, como una institución fundamental de la vida económica y social. Está integrada por los siguientes factores:

- Los que aportan espíritu emprendedor, capacidad directiva, visión a largo plazo, innovación y trabajo operativo.
- Los que aportan capital para el logro de objetivos económicos y sociales, tanto externos como internos.

Como intervención solidaria de seres humanos para servicio de seres humanos, los objetivos económicos y sociales —internos y externos— de una empresa están ligados de manera inseparable. La organización deberá buscar todos esos objetivos e integrarlos armónicamente. Así, asegurará su permanencia sana y llegará a ser altamente productiva y plenamente humana.

La empresa es el invento de las personas para que la capacidad de los bienes naturales de satisfacer las necesidades de la humanidad se incremente hasta extenderse a todos los pueblos.

Todo este proceso evidencia la evolución social de la empresa y del hombre hacia el logro de sistemas más libres y más humanos.

La empresa, constituida y dirigida por seres humanos, tiene una moral. Del mismo modo que es una persona jurídica, en el orden de los derechos y deberes frente a terceros y frente al Estado, lo es también por las mismas razones frente a Dios.

La empresa, constituida por sus dirigentes, propietarios y colaboradores, tiene alma y en sus actos ejerce responsabilidad. La responsabilidad social representa, fundamentalmente, respetar a las personas: no engañarlas, no aprovecharse de ellas, no usarlas. La palabra empleado puede sustituirse por usado, eso es lo que no hay que hacer. No hay que usar a las personas: ni a los clientes, ni a los proveedores, ni —desde luego— a los colaboradores.

La empresa debe servir a la sociedad. Este servicio se logra mediante su influencia en la comunidad y en el medio ambiente y mediante sus relaciones con el gobierno.

¿Cómo sirve la empresa a la sociedad?

- Brindándole bienes y servicios que verdaderamente necesita, al costo y con la calidad debidos.
- Creando un valor agregado que permita la justa remuneración de la gente.
- Siendo responsable socialmente en los aspectos políticos y ambientales.
- Remunerando a las personas involucradas, cuidando los aspectos políticos y ecológicos, y creando riqueza que debe aplicarse en el pago de impuestos y en todo lo demás.

Por otra parte, toda empresa tiene una finalidad que es la razón por la cual fue creada. Dicha finalidad cumple, a su vez, un doble objetivo que no puede anularse: uno económico y uno social.

Para que la empresa de nuestros tiempos realice su función social, es evidente que debe alcanzar sus metas: las económicas y las sociales.

El sistema socioeconómico en el cual se desempeña; el entorno; los principios administrativos; las costumbres y tradiciones de una empresa, tienen, sin duda, una fuerte influencia en su fisonomía, pero también es, a fin de cuentas, el empresario quien imprime el sello particular a su organización.

El empresario crea, innova, aglutina, concilia, multiplica, arriesga, sueña, acerca, produce riqueza, crea empleo y hace posible la sinergia. Puede hacer mucho bien, puede dejar de hacerlo y también puede provocar grandes daños. Por eso afirmamos que **el empresario tiene una gran responsabilidad y**

que por ello siempre debe estar a la altura de su gran misión: servir bien.

Es evidente que a la empresa actual, no obstante los enormes avances tecnológicos y sociales, aún le queda mucho por hacer para estar a la altura de su misión.

El problema general de la empresa de hoy es que no propicia el desarrollo de todos los hombres, sólo el de algunos. Nos aventuramos a declarar que la inexperiencia y la dureza de corazón de sus dirigentes hizo de la empresa del siglo XIX, la tradicional de la Revolución Industrial, un mecanismo de explotación y destrucción del hombre.

Por fortuna, esa institución ha desaparecido; sin embargo, algunos vestigios sobreviven y, si bien la empresa contemporánea no explota ni destruye, tampoco podemos decir que permite y propicia el crecimiento y la realización de su personal.

Éste es el punto medular: por ello debe transformarse para que "la empresa no haga cosas con los hombres, sino que haga hombres con las cosas".

La transformación tan necesaria de la empresa sólo será posible a través de sus líderes, que con corazón, inteligencia y visión se lanzan a esa labor que requiere preparación, conciencia, comprensión, generosidad, audacia, fortaleza y paciencia.

Capítulo 4

FILOSOFÍA DE EMPRESA

La base y el sustento de la empresa, el primer trazo que debe esbozarse de ella es su filosofía empresarial.

Con altos valores y principios

En este capítulo comparto con usted, apreciado lector, conceptos y pensamientos míos publicados en la revista mensual de Grupo Bimbo durante el periodo comprendido entre 1980 y 1997, en el que ocupé la Dirección General.

Los alterno con otros conocimientos adquiridos a lo largo de toda mi experiencia como empresario. Espero le sean útiles; mi propósito siempre ha sido aportar consistencia, sustancia y valor de formación al transmitir mis ideas.

La personalidad

Cada uno de nosotros tiene lo que llamamos personalidad. Hay quienes muestran una personalidad débil y casi pasan inadvertidos. Algunos —puede ser una anciana, o una joven señora, un muchacho obrero o un profesional— poseen una personalidad fuerte que llama la atención, por su porte, su mirada, su lenguaje y sus actitudes. Destacan por ese algo especial que las caracteriza.

Por lo general, las personas de recia personalidad son aquellas con convicciones sólidamente cimentadas; con ideas claras; que saben con certeza lo que persiguen en la vida. Hay quienes aprovechan esa fuerza para hacer el bien y servir a la humanidad pero, por desgracia, otros también la usan para el mal y la mentira.

La personalidad es algo que se puede cultivar. Es cuestión de pensar, de meditar y de actuar con congruencia.

La excelencia

Es hermoso encontrarnos con alguien o con algo que podamos calificar de excelente. Cuando esto ocurre, se nos llena de fe el espíritu, se acrecienta la confianza y sentimos la necesidad de expresar nuestro reconocimiento. Reconocemos la excelencia cuando lo que evaluamos sale de lo común, resalta entre la mediocridad y se pone por encima de las actitudes egoístas o burocratizadas. Ojalá de muchos y en múltiples ocasiones pudiéramos exclamar:

◗ *¡Es una persona excelente!*

◗ *¡Es un trabajo excelente!*

◗ *¡Qué actitud tan agradable!*

◗ *¡Es un servicio increíble!*

La dedicación y el empeño que ponemos en lo que nos corresponde realizar, efectuándolo con el sincero deseo de ser útiles y llevándolo un poquito más allá de lo normal, acerca mucho a esos resultados de excelencia.

En el Grupo Bimbo no queremos ser del montón. ¡Buscamos la excelencia!

Ser más

Cada vez que nos planteamos preguntas fundamentales como: "¿Por qué existo?" o "¿Para qué estoy aquí?", nos sentimos embargados por la duda y la dificultad de penetrar con seguridad en estos campos relacionados con la filosofía y lo sobrenatural. Aunque incapaces de darnos una respuesta clara y terminante, casi siempre acabamos con la convicción de que nuestro papel y nuestra misión consisten en perfeccionarnos, en ser más.

Ser más es ser mejores, crecer en todos los órdenes; y todo ello, no sólo sin perjudicar a los demás, sino contribuyendo a su bien, al bien común. Si en verdad vamos por ese camino, nuestro yo interno y nuestra conciencia nos lo harán sentir en todo momento.

Ideales y objetivos

Muchas personas obtienen muy poco de la vida, porque no saben con claridad lo que quieren. Algunas desean muchas cosas... tantas, que no se enteran bien a bien de lo que en verdad les interesa. Otras simplemente no saben para qué están aquí, ni a qué deben aspirar.

La experiencia nos dicta que la única manera de alcanzar el triunfo es definir con absoluta claridad lo que queremos. Es decir, fijarse objetivos precisos, así como un ideal claro y conciso. El que sabe lo que quiere... el que sueña y se visualiza ya en posesión de aquello que anhela, está cerca de lograrlo. Haciendo un esfuerzo sincero para definir nuestros ideales, tendremos ya la mitad del camino andado para alcanzarlos.

Paz interior

La paz interior es quizás el objetivo genuino del ser humano. La paz, en lo más íntimo de cada uno de nosotros, puede muy bien ser la verdadera felicidad que añoramos. Sin embargo, no viene gratis; hay que buscarla sin cesar, inteligente y calladamente. La paz se encuentra cerca de la reflexión, del esfuerzo sencillo y constante, de la capacidad de saber dar, de la rectitud de intención; y se encuentra lejos de aquellos que anteponen su egoísmo, que sólo se esfuerzan por recibir, que no saben oír, que no quieren perdonar. Son muchos, por desgracia, los que anhelando la verdadera paz interior, creen que la encontrarán satisfaciendo ambiciones o caprichos pasajeros, pero únicamente consiguen desasosiego y frustración. La paz interior es un don delicado que sólo florece dentro de una conciencia tranquila y sana.

En la famosa novela de Juan Salvador Gaviota leí una frase que decía: "Cuidado con lo que rezas y lo que pides cuando rezas, porque se te concede". Y es que nuestro creador nos puso en este mundo pero no nos va a dar nada, nosotros tenemos que conseguirlo. Entonces, si rezamos y pedimos, en el fondo estamos fortaleciendo nuestra voluntad de que lo que pedimos se realice. Y creo que se nos concede porque le echamos muchas ganas.

El precio del éxito

Es posible asegurar, sin temor a equivocarnos, que la gran mayoría de los hombres anhela el progreso y el éxito. Pocos, sin embargo, están dispuestos a pagar el precio. En mi opinión, este precio consiste fundamentalmente en:

- Definir con claridad y precisión nuestras metas.
- Trabajar con eficacia; buscar que nuestro trabajo sea productivo; hacerlo cada día mejor.

- Ser constante, tenaz, no desanimarse ante los obstáculos, buscar hasta encontrar.

- Estudiar, superarse, leer; interesarse por las cosas, preguntar. Nadie nace sabiendo y nunca es demasiado tarde para empezar.

- Ahorrar en forma sistemática, no despilfarrar; y no desanimarse, pues varios poquitos hacen un mucho.

Aunque aparentemente se logre poco y el esfuerzo parezca excesivo, es seguro que a la vuelta de los años, casi sin darnos cuenta, habremos progresado mucho y habremos alcanzado el éxito.

Unión Social de Empresarios Mexicanos

Recuerdo las intensas jornadas de trabajo de los primeros años de nuestra empresa. En el libro que escribimos con motivo de nuestros cuarenta años de historia, llamamos a los primeros diez años la "Época Heroica", por las larguísimas jornadas de trabajo, de día y de noche, y los agotadores viajes.

Nuestra empresa se forjó en el trabajo, en la búsqueda continua de la mejor manera de servir bien.

En 1963, Lorenzo y yo ingresamos a la UDEC (Unión de Empresarios Católicos) y en 1965 a la USEM (Unión Social de Empresarios Mexicanos).

El objetivo de la USEM es:

Unir, orientar, motivar a los dirigentes de empresa hacia la construcción de una empresa más justa y más humana.

Mediante el contacto con otros empresarios, en la USEM conocimos los altos principios y valores de la Doctrina Social Cristiana, plasmados en varios documentos pontificios, principalmente los originados en la *Rerum Novarum*, de León XIII.

Profundizamos en ellos, actualizando el mensaje central a los momentos históricos de las diferentes épocas del siglo XX.

Con la *Quadragesimo Anno*, de Pío XI en 1931; la *Mater et Magistra*, de Juan XXIII en 1961; la *Populorum Progressio* y la *Octogesima Adveniens*, de Paulo VI en 1967 y 1971, respectivamente; la *Laborem Exercens* de 1981 y la *Sollicitudo Rei Socialis*, de 1987, ambas de Juan Pablo II; y, más recientemente, para celebrar el centésimo aniversario de la *Rerum Novarum*, la *Centessimus Annus*, del propio Juan Pablo II, se reafirmaron en nosotros una serie de principios que nos han ayudado a orientar nuestras decisiones cotidianas como empresarios y a trazar las políticas centrales de nuestra filosofía empresarial.

A principios de los ochenta, la USEM instituyó el curso CUFOSO (Curso de Formación Social para Dirigentes de Empresas), que consiste en treinta y cuatro conferencias y mesas redondas sobre los principios de la Doctrina Social Cristiana, como son:

- La dignidad de la persona.
- La subsidiaridad.
- El bien común.
- El valor del trabajo.
- La libertad.
- La justicia.

Desde entonces en el Grupo Bimbo instituimos el requerimiento de que todo directivo asistiera a dicho curso, con el fin de fortalecer su formación y, en paralelo, de asegurar lo más posible la congruencia de nuestra empresa con estos altos principios y valores morales de carácter universal.

En esencia, el pensamiento social cristiano sostiene que todos necesitamos del consejo de otros, de la fraternidad humana y la ayuda mutua. El contrato de trabajo debe suavizarse por el de sociedad, el cual propone que los trabajadores deberán participar activamente en la empresa donde laboran, de modo que ésta se convierta en una auténtica comunidad humana; que los trabajadores puedan participar en la propiedad, los beneficios y la gestión, conservándose la necesaria unidad de dirección, para lo cual debe proseguir la reflexión, la búsqueda y la experimentación.

Este pensamiento busca que el trabajador se convierta en un socio y no un ejecutor silencioso; que no sea un simple instrumento de producción al que no se le reconoce en forma suficiente su dignidad de persona humana, ni se le da la facilidad para ejercer su responsabilidad, expresar su iniciativa y perfeccionarse a sí mismo.

En nuestra empresa hemos apoyado nuestra filosofía de participación del colaborador, fundamentalmente en los principios de dignidad de la persona, valor del trabajo y subsidiaridad.

Así como nadie puede dar lo que no tiene, tampoco se puede pretender transformar la empresa sin contar con una idea clara de lo que se busca, con una filosofía, un ideal de cambio. Quienes emprenden esta tarea pronto descubren que se requiere de fundamentos sólidos, apoyados en principios universales y que finalmente giren alrededor del hombre. Aquí es donde aparece, casi única dentro de las filosofías humanistas, la doctrina social cristiana, como una rica fuente de inspiración.

Principios y valores centrales

El hombre, a diferencia de los animales y de las demás criaturas, desde muy joven va evaluando una serie de principios morales que con el tiempo hace suyos y que, junto con otras convicciones, conforman su escala de valores. Si me preguntaran qué entiendo por valores fundamentales, me atrevería a contestar que son aquellos por los que un hombre debe estar dispuesto a dar la vida si fuera necesario. Son estos valores los que orientan la conducta y la fuerza de voluntad, los que inyectan al hombre su dignidad y su fuerza, los que le dan sentido a la vida humana. Los verdaderos valores no sólo engrandecen al hombre, sino que conservan sana a una sociedad.

En mi caso personal, si deseara jerarquizar los valores que me guían, los ubicaría de la siguiente manera. Aquellos por los que estoy dispuesto a hacer los sacrificios necesarios son:

- Mi fe, mi religión, mi Dios.
- Mi responsabilidad, mi entrega a mi esposa, por encima de mis hijos, por encima de mi trabajo. Mi relación con la compañera de mi vida. Los hijos se van (los míos ya se casaron, ya viven sus vidas, ella está conmigo).
- La relación con mis hijos.
- Mi trabajo.

Otros valores de gran importancia para mí son:

- La integridad, algo simplemente universal y fundamental. ¿Cómo puede uno ser íntegro si no es fiel a su esposa, cómo puede ser íntegro si hace trampa en la empresa, si no ayuda a quienes tiene obligación o necesidad de ayudar?
- La honradez.
- La honestidad: tiene muchos nombres, pero significan lo mismo.
- El trabajo. Es lo único que le da dignidad a una persona. Si alguien no trabaja, haga lo que haga, aunque le dé todo su dinero a los pobres, si no genera algo en beneficio de los demás con su sudor, con su trabajo, con su inteligencia, es un parásito, es una persona que no da.

▶ El respeto. Lo que podríamos llamar el conjunto de valores familiares, el conjunto de valores personales. El respeto a la mujer, el respeto a las demás personas, son valores muy importantes.

Integridad

Una de las virtudes más bellas del ser humano es la integridad. Es la virtud que define a una persona, grupo o sociedad que se comporta con estricto apego a los valores más altos.

Una persona es íntegra cuando de manera sistemática practica la justicia, la equidad, la verdad y la honradez. No puede ser íntegro quien roba, quien saca ventaja de su posición, quien engaña, quien se aprovecha de los demás.

En México, por desgracia, existe más corrupción que integridad. Han sido nuestros gobernantes los que encabezaban esta vergonzosa manera de ser y son muchos los mexicanos, de todos los sectores, quienes la practican, a veces sin estar plenamente conscientes de que es un mal que daña en profundidad a nuestra sociedad y a nuestro país. Muchos, muchísimos de los problemas que nos aquejan son fruto directo o indirecto de la corrupción. No será fácil erradicarla, pero es algo que debemos hacer ya.

En mis viajes a las plantas del Grupo; en mi contacto con los gerentes, repetidamente me topo con comentarios como: "¿Qué hacemos para que la empresa conserve siempre sus valores? ¿Qué hacemos para no salirnos del camino que hemos recorrido, quizá con cierto éxito?".

Sin falsa modestia, el Grupo ha logrado avances en este orden de aspectos morales y sociales. ¿Cómo? En Bimbo:

- Se persigue el respeto a todas las personas; se espera justicia en todos los actos; se promueven la confianza y el afecto.

- Procuramos mantener un clima de trabajo que se distinga por la honradez, la integridad y la verdad que en él prevalezcan.

- Cuidamos nuestra publicidad; nos resistimos a la tentación de hacer anuncios con contenidos de violencia, sexo, procacidad o vulgaridad, aunque éstos se consideren más "vendedores". Nuestro firme propósito es que nuestra publicidad no resulte ofensiva para nadie.

- Cumplimos con los principios y requerimientos ecológicos, y en algunos aspectos vamos más lejos de lo que la ley dicta. Estamos estrechando las relaciones con nuestros proveedores, buscando que sean justas, que no por el volumen de compras que hagamos abusemos de ellos, como por desgracia ocurre en otras empresas. Queremos sostener una relación de "ganar-ganar".

- Respetamos la legitimidad de los sindicatos. Los sindicatos con los que nos relacionamos son fuertes, defienden y comprenden su papel. Podemos afirmar que son agrupaciones honestas, transparentes, y me parece que no muchas empresas, ni muchos países, pueden sostener lo mismo.

La relación con los sindicatos es fundamental. En Harvard nos daban una clase sobre cómo defendernos de los sindicatos, y yo me desesperaba con el profesor: "¡Pero lo que usted sugiere es fomentar una relación adversa! Habla de la lucha de clases". Nuestra opinión es totalmente opuesta: la relación debe ser fraternal, de colaboración, trabajo, afecto, ayuda, apoyo; no de lucha. Por desgracia, la naturaleza humana requiere esos frenos, y el sindicato es útil para eso, llena una función.

Nuestra manera de pensar es que el sindicato es deseable; hay que reconocerlo, respaldarlo, respetarlo. Y tiene que ser una representación limpia y honesta, que es profesional, capaz, que busca la colaboración. Desde luego que defiende los derechos de sus agremiados, lucha, busca el beneficio de su gente, pero lo hace con honradez. Como respuesta, nosotros colaboramos intensamente en su desarrollo. Los apoyamos económicamente, de manera abierta, con cursos, con respeto y aceptación. En todas las fábricas hay una oficina para el representante sindical.

Nuestra relación es excelente. Eso es muy necesario: con más de setenta mil personas trabajando en el Grupo, si nuestra relación laboral no fuera la adecuada, enfrentaríamos innumerables problemas. En muchas empresas el aspecto laboral se maneja mal; se tiene una relación adversaria y no de colaboración, lo cual redunda en resultados negativos y nocivos para la organización.

Nuestros esfuerzos se han visto recompensados: en 1994 la ANTAD *nos concedió un premio al mejor proveedor; en 1996 la revista* Expansión *nos mencionó como una de las empresas más admiradas; y en las mismas fechas la compañía internacional Arthur D. Little nos informó que habíamos sido escogidos en el ámbito mundial como la empresa* The Best of the Best *(Lo mejor de lo mejor) y que tendríamos que ir a Boston a recibir el nombramiento. Todo esto nos va creando una leyenda, que por un lado es peligrosa, pero por otro nos compromete a ser congruentes con la imagen que la gente se ha formado de nosotros.*

Dignidad de la persona

Éste es el principio o valor central, el origen de los demás principios sociales, como la solidaridad, la subsidiaridad, la libertad, el bien común y la justicia.

Es también el principio donde han de converger en último término todas las acciones de la sociedad.

La dignidad es algo que se adquiere, es algo que sólo se mide por el reconocimiento que nos otorguen los demás.

Ya mencionamos que la humanización de los sistemas socioeconómicos es la gran necesidad de nuestros tiempos. El desarrollo económico debe ir en pos del desarrollo humano, y éste es a la vez motor de aquél.

"La persona es lo que en cada ser humano no puede ser tratado como objeto."

Emmanuel Mounier

Considerar a la persona como fin y no como medio, marca toda la diferencia en la vida de un ser humano, de una empresa y de un país.

Si tratamos al otro como "cosa", podríamos decir que nos "cosificamos" a nosotros mismos. Con ello perdemos la relación persona-persona que favorece el crecimiento mutuo, y la cambiamos por la relación cosa-cosa, origen de la mayoría de los males de la humanidad.

Mi hermano Lorenzo me comentó en una ocasión:

—Oye, qué suerte tenemos, al conversar con un colaborador del Grupo me di cuenta de que, además de ser inteligente, leal y profesional, es una persona con altos valores familiares; siente un profundo respeto hacia su mujer y sus hijos.

—Yo creo que no es suerte —contesté—, es muy importante que nosotros atraigamos a ese tipo de personas y que hagamos lo más posible por crear y mantener un ambiente sano.

Pretendemos convivir en el seno de nuestra familia empresarial con personas impulsadas por valores similares, cuyo liderazgo sea fruto de su integridad, de su capacidad de dirección y obtención de resultados, resultados positivos para todos: la empresa, los consumidores, el personal, para el bien común.

El principio del **respeto a la dignidad de la persona** significa que el hombre, todo hombre, tiene derecho a ser respetado y tiene la obligación de respetar a los demás.

El principio de la dignidad de la persona afirma este carácter del hombre, por tratarse de un ser individual, dotado de razón y de voluntad libre, creado a semejanza de Dios y con un destino eterno. Por esta dignidad, el hombre debe respetarse a sí mismo, respetar a los demás y exigir ser respetado. La calidad de persona le confiere el derecho de labrar su propio destino, así como de participar en la empresa donde trabaja.

La dignidad de la persona deberá ser entendida y vivida por todos los integrantes del equipo. Para entenderla, se requiere comprender primero lo que son la individualidad, el respeto y la reciprocidad.

- La **individualidad** nos ayuda a saber que cada persona es diferente; sin embargo, esta situación no implica que sea tratada de manera diferente que los demás.

- El **respeto** es una observancia o consideración hacia las personas. Puede demostrarse en muchas formas, y una es la individualidad de los demás. Por ejemplo: el respeto por el color de piel, la raza, el lugar de origen, el sexo, la estatura o cualquier otro factor de individualidad, se relaciona con la comprensión de la dignidad humana.

- La **reciprocidad** es propiciada por el mutuo respeto y el entendimiento de ambos lados de la dignidad del otro.

Solidaridad: compartir *vs.* competir

Gran parte de la orientación que recibe la humanidad en nuestros tiempos apunta hacia la competitividad. Desde nuestra niñez, en la escuela, en los deportes, y en la misma vida hogareña, se nos enseña que debemos ser mejores que los que nos rodean.

Parece que nuestra realización dependiera de nuestra capacidad de triunfar sobre los demás; es decir, que sólo podemos alcanzar el éxito a costa del fracaso de otros.

Sin embargo, no es así. La felicidad de la humanidad está condicionada a los deseos de superación del hombre, pero no compitiendo, sino compartiendo con los demás.

La familia, la escuela y la sociedad deben reflexionar y cambiar ese modelo de competencia, sustituyéndolo por uno más acorde con la dignidad humana, buscando que nuestros esfuerzos de superación nos unan en vez de dividirnos.

El principio de solidaridad evidencia nuestro carácter de hermanos, así como la necesidad y la obligación de apoyarnos y ayudarnos. La solidaridad no se demuestra sólo cuando la otra persona enfrenta grandes problemas, está en desgracia, o clama por nuestra ayuda. La solidaridad entraña entender la condición del otro y querer ayudarlo, aun cuando él no lo pida. En él están implícitos la empatía, el servicio, la cooperación y la disposición para compartir.

Antes de poder ser solidarios con alguien, antes de poder trabajar a la par, hombro con hombro, es indispensable entender lo que siente y por qué lo siente, comprender sus motivaciones y objetivos. Una vez que logremos establecer empatía con alguien, será necesario disponernos a ayudarlo sirviendo, cooperando y compartiendo. De nada serviría entender cómo se siente si después no lo ayudamos. Dicha ayuda solidaria puede brindarse:

- *Sirviendo*: ayudando a la persona a realizar algún trabajo o labor.
- *Cooperando*: entendiéndola y trabajando en equipo.
- *Compartiendo*: permitiendo que los demás gocen de nuestros bienes materiales o inmateriales.

La empatía significa "ponernos en los zapatos del otro", comprender lo que piensa, pero desde su perspectiva, asumiendo su papel.

La empresa, por su capacidad de influencia social, puede fomentar este principio de solidaridad en su comunidad. Por ejemplo, en 1995, año especialmente difícil en la economía de México, distribuimos entre nuestros trabajadores el documento que aquí se transcribe, con el fin de involucrarlos en la forma de pensar y en las acciones que considerábamos necesarias en ese momento de crisis. Conservamos el lenguaje coloquial con el que se redactó buscando que fuera comprensible para todos.

Preocuparse o actuar

A todos nos preocupa el panorama económico de nuestros países. Pero como de nada sirve solamente preocuparnos, es necesario comentar lo que conviene hacer. Desde luego que no todos debemos hacer lo mismo, ya que hay algunos con responsabilidades más directas y específicas, pero sí hay cosas que todos debemos hacer. Es necesario:

- *Trabajar con redoblados bríos; tenemos que ser más eficientes... Los países con economías sanas, guardan un profundo respeto por el trabajo productivo.*

- *Cuidar el gasto; analizar bien en qué gastamos nuestro dinero. Es un momento de prudencia y austeridad.*

> *Estar informados, atentos a los acontecimientos y decididos a externar nuestra opinión. Recordemos que los pueblos tienen los gobiernos que se merecen. Si no actuamos, siempre seremos manipulados por otros.*

> *Respetar y exigir que se respeten los valores superiores. Una sociedad que permite y acepta la corrupción, termina por corromperse. Una sociedad sin valores es presa de los bajos instintos, del desorden y de actitudes que no elevan y que envilecen. Una sociedad envilecida no puede progresar sino declinar.*

En una circunstancia tan difícil para México, no debemos dedicar tiempo a la crítica estéril sino al esfuerzo continuado que es positivo y creador. En esta organización, a pesar de los pesares, tenemos fe, estamos empujando para adelante y queremos ayudar a construir un México mejor.

Subsidiaridad

"Los problemas son al alma, como el alimento al cuerpo. Por ello, el mayor robo que se le puede hacer a una persona es robarle los problemas."

Andrés Restrepo

El principio de **subsidiaridad** promueve las posibilidades de desarrollo humano y propugna porque se permita la acción del nivel menor y que el mayor sólo intervenga cuando sea necesario.

El principio rige las relaciones de todo subordinado con sus jefes o superiores; implica no sólo que el de nivel mayor no haga lo que el menor puede hacer bien, sino que aquél haga sólo lo necesario y ayude y estimule a éste para que haga lo más posible por sí mismo. Este tipo de relación debe funcionar en la empresa, entre maestros y alumnos, padres e hijos y gobernantes y gobernados.

Valor del trabajo

Se acostumbra decir que el hombre vive para trabajar o que trabaja para vivir. La realidad es que el hombre se hace a través del trabajo.

La felicidad

Es indudable que la gran actividad realizada por los seres humanos va encaminada a un fin primordial: encontrar la felicidad. También es indudable que muchas personas nunca la encuentran. Esto se debe, en gran medida, a que confunden los términos; creen que felicidad es placer, alegría, gozo. Otros la buscan directamente, sin percatarse de que la felicidad no se obtiene sino como una consecuencia. Es la satisfacción que se siente al ir realizando, y después de realizar, aquellas cosas sencillas y nobles que nos exige lo cotidiano. Iremos encontrando la felicidad si hacemos lo que debemos hacer, si estamos donde debemos estar, si esperamos lo que debemos esperar.

Primero cumplamos serenamente con lo que sentimos que es nuestra vocación y todo lo demás lo recibiremos por añadidura.

"Con su trabajo el hombre ha de procurarse el pan cotidiano, contribuir al continuo progreso de la ciencia y de la técnica y, sobre todo, a la incesante elevación cultural y moral de la sociedad en la que vive en comunidad con sus hermanos."

Juan Pablo II

El principio del **valor del trabajo**, de enorme trascendencia para el desarrollo pleno de cada individuo, establece que sólo el trabajo hace digno al hombre. Plantea que el ser humano, al ganarse la vida, debe hacerlo planificando su responsabilidad de manera que al trabajador le quede muy claro lo que se espera de él. Su responsabilidad en el desempeño de su trabajo deberá emanar de un plan establecido; así, la satisfacción del trabajo no provendrá solamente de sus frutos, sino del hecho mismo de realizarlo, de crear algo, de ser útil, de poner en juego la capacidad y las habilidades de la persona que trabaja. De ahí que ésta debe tener mucho qué decir de la tarea que realiza, y ésa es justo la importancia de su participación.

El valor del trabajo posee dos caras: una para el trabajador y otra para el jefe.

Por un lado, el primero deberá estar contento y realizado con su labor; es importante que para él su trabajo sea valioso.

Por otro lado, es indispensable que dicho trabajo del colaborador sea valioso para el jefe. Si el colaborador no demuestra que su labor tiene un valor agregado, para el jefe ésta no tendrá valor.

En el mismo orden de ideas, no será justo que el jefe descalifique el trabajo del trabajador si éste vale, o en su defecto, si el jefe aplaude un trabajo pobremente realizado.

Para poder valorar el trabajo, los jefes deberán entender con toda claridad cuál es el trabajo que el colaborador realiza dentro de la empresa y cómo repercute en ella. El trabajo habrá de ser valuado por los jefes, de manera transparente. El trabajador no deberá albergar duda alguna de cuál es su función en la empresa, y cómo impacta su trabajo en ella.

Cuando el colaborador conoce cuál es el impacto de su trabajo en la empresa, él mismo lo valora; por eso son tan importantes el reconocimiento y las indicaciones claras de cómo mejorarlo.

> *Cuando el trabajador esté satisfecho con las tareas que realice, las hará bien: si las hace bien, será más productivo, o aportará más ideas para mejorar su trabajo. Las ventajas son ilimitadas.*

El hombre trabaja para vivir pero, conforme resuelve sus necesidades básicas, se esfuerza también por construir un futuro y aumentar sus posibilidades de realización personal y de trascendencia. Cuanto más profundice en ambos aspectos, más pronto verá que la única manera de alcanzarlos es siendo útil, cada vez más útil a la sociedad a la que pertenece, y que sus más caros anhelos de felicidad sólo se cumplirán en la medida en que sea capaz de perseverar en sus esfuerzos de brindar servicio a los demás.

Si bien resulta difícil aceptar que la actividad económica del hombre es tan sana y tan necesaria como otras, es necesario reconocer que es, y cada día lo es más, una función fundamental, una obligación moral y social, así como una actividad indispensable para la vida plena y armónica. En consecuencia, la actividad económica —antes despreciada y relegada por algunos como actividad servil e inferior— se evidencia hoy como el instrumento por excelencia para alcanzar un *objetivo superior*: el desarrollo humano y social.

La actividad económica pone en juego todos los recursos del hombre. Sus resultados dependen de la calidad, de la cantidad y de su administración inteligente. Por ello, esta actividad, que primero fue desconocida, después despreciada y hace un siglo llevada a cabo con liberalidad o totalitarismo culpables, requiere ahora ser bien entendida y mejor aplicada porque, siendo el hombre el sujeto y el objeto, debe manejarse a la altura de su dignidad.

Prescindiendo de una definición académica, podemos calificar la actividad económica como aquella que realiza el hombre para crear riqueza y para conservarla, sirviéndose de todos los recursos, aplicando su inteligencia para transformar, multiplicar, crear y conservar todo aquello, ya sean bienes o servicios, que requiere para sus necesidades fisiológicas, psicológicas o culturales.

Sin embargo, los grandes avances de la humanidad, los que marcan hitos en su historia, fueron posibles gracias a que se les destinaron bienes de capital, fruto de la actividad económica. Las grandes construcciones, las hazañas épicas, la navegación, los descubrimientos y todo lo que conocemos como progreso y desarrollo, debieron ser financiados con el trabajo y el ahorro de mucha gente. La herencia de modernidad que ahora vivimos a plenitud fue pagada por los impulsores de la transformación. El Renacimiento, en particular el italiano, fue pagado —y regalado a nosotros— con recursos de los grandes mecenas romanos y florentinos.

El hombre tiene que cumplir su misión bíblica de henchir la tierra y someterla; y esto sólo puede hacerlo a través de su actividad productiva.

Todo lo anterior, a lo que hemos hecho referencia, son realidades más o menos elementales que todos entendemos y aceptamos. Pero el meollo de nuestro tema, una vez explicada su problemática y su trascendencia, es la necesidad urgente y apremiante del hombre de realizar *bien* esta función: aprendiendo de sus errores, generalizando sus beneficios, respetando al hombre en su dignidad, realizando un trabajo productivo y cuidando el medio ambiente.

Grandes pensadores y conceptos de la administración

A lo largo de la historia de nuestra empresa, entramos en contacto con grandes pensadores y conceptos de la administración, a través de libros, conferencias y comentarios.

Tomamos de ellos algunas ideas, prácticas y recomendaciones, con las que, previo análisis en equipo, modificamos algunos hábitos y forjamos nuestra cultura.

A continuación mencionamos a algunos de ellos, con la intención de que sus aportaciones ayuden a mostrarle a usted, apreciado lector, horizontes más amplios en los continuos cambios que como empresarios enfrentamos.

Peter Drucker

Según Drucker, es fundamental que el trabajador:

- Comprenda lo que hace y se interese en ello.
- Comprenda lo que sucede a su alrededor en el trabajo.
- Se sepa miembro de una comunidad de trabajo y goce de respeto, consideración y de la posibilidad de codeterminación en el seno de esa comunidad.
- Se integre a la sociedad.
- Se sienta orgulloso de su trabajo.
- Esté convencido de que su tarea puede tener sentido.
- No se interese sólo en el salario, sino también en el trabajo, en el lugar donde labora y el procedimiento del producto.
- Contemple la fábrica como si fuera un director.
- Esté profundamente ávido de saber del negocio tanto como sea posible.

Charles McCormick

A través de su aportación, el método al que llamó la **gerencia múltiple**, fue también uno de los empresarios que contribuyó, en gran medida, al desarrollo de la **filosofía de la participación** en el Grupo Bimbo.

Rensis Likert

Likert nos enseñó que, frente al organigrama tradicional, el de **bisagra** ofrece mayores oportunidades de participación e involucración del personal. Nuestras juntas de gerencia se inspiraron en este tipo de modelo.

Douglas McGregor

En 1966 conocimos la obra de McGregor, sus conceptos del **lado humano de la empresa**, las limitaciones de la autoridad, la interdependencia en las relaciones laborales modernas y sus famosas **Teorías X y Y** sobre la conducta del personal en el trabajo.

Pero, sin duda, el concepto que nos dejó mayor huella fue el de la **gerencia participativa**, una forma especial de delegación en la que los subordinados de todos los niveles adquirían mayor control y mayor libertad de opciones con respecto a su propia responsabilidad.

El término **participación** lo aplicaba a una mayor influencia del subordinado en asuntos que estaban dentro de la esfera de responsabilidad de su superior.

McGregor sostenía que la participación coadyuva a la motivación de los subordinados por la satisfacción que descubren al enfrentar problemas y resolverlos con éxito; por el reconocimiento que logran de sus compañeros y jefes, y por el sentido de independencia y control de su propio destino.

Lincoln Electric

Las experiencias de participación de la empresa Lincoln Electric, de Cleveland, Ohio, descritas por uno de sus fundadores en el libro *Incentive Management* (Administración por incentivos) también influyeron en nuestra filosofía. Aun en nuestros días, los esquemas de participación de esta empresa son de lo más avanzado en el mundo. La delegación de funciones y los incentivos directos están generalizados. Operan equipos autónomos con amplia responsabilidad y tienen planes de participación de utilidades y de acceso al capital muy sustanciosos. La Lincoln Electric es altamente competitiva gracias a estos programas y a su política de continuo estímulo a la productividad; además, ofrece a su personal una remuneración mejor que otras industrias del ramo.

Carlos Llano: Administración por objetivos

La administración por objetivos, técnica administrativa introducida en los años setenta, fue también uno de los elementos que más contribuyó a nuestra filosofía de la participación. Carlos Llano, del Instituto Panamericano de Alta Dirección de Empresas (IPADE), nos enseñó que la administración por objetivos, bajo pena de ser un engaño, debe tomar en serio la participación.

Su idea fundamental es que hay que otorgar mayor participación para que se tomen mejores decisiones, que conducirán a mejores resultados; esto, finalmente, proporcionará mayor satisfacción.

El trabajo, para no ser enajenante, debe facilitar la autorrealización del hombre, la cual no alcanza sólo cuando logra el objetivo, sino cuando trabaja para lograrlo. Es falsa la disyuntiva popular de "vivir para trabajar" o "trabajar para vivir", ya que sólo se vive plenamente, racionalmente, cuando se trabaja.

Otro concepto de Carlos Llano es el de que todo trabajo, aun el más elemental, posee aspectos directivos y hay que dejar que los operadores hagan lo más posible esa parte de su trabajo por ellos mismos. Esto, como puede verse, apoya de lleno la participación.

Shigeru Kobayashi

Este funcionario de la empresa Sony nos suministró también ideas excelentes sobre la participación. Kobayashi insistió en hacer significativo el trabajo y tener confianza en la gente.

Scott Myers

Las ideas de este funcionario de la empresa Texas Instruments nos fueron particularmente útiles. De su libro *Every Employee a Manager* (Cada empleado un gerente) recogimos el concepto de que cada trabajador debe considerar a la empresa como suya y sentir que en verdad trabaja por su cuenta. Las siguientes son algunas de sus principales observaciones:

1. *La gente no se resiste al cambio. Se resiste a que la cambien.*
   Conociendo esta premisa, es muy importante ayudar a nuestro personal a que cambie. Muchas veces los cambios no son bienvenidos por el personal, porque no entiende qué sucede. De ahí la importancia de que la información sea compartida. En la medida en que los empleados comprendan qué es lo que ocurre en la empresa, el cambio será más fácil. Deben entender a la perfección qué es lo que se va a cambiar y por qué. Una vez que lo sepan, deberán conocer, en su momento, los detalles del proyecto: cuándo, dónde, cuánto, etcétera.

2. *Cada tarea es susceptible de mejorarse.*
   Si los colaboradores y jefes entienden esta condición, se facilita el camino para los cambios. En el fondo sabemos que todo es perfectible; sin embargo, no es tan fácil aceptarlo, sobre todo si alguien más quiere perfeccionar el trabajo que nosotros hicimos. Si jefes y colaboradores comprendemos que todo se puede mejorar, tendremos la facilidad y el derecho de dar nuestra opinión para mejorar el trabajo de otros, así como para aceptar recomendaciones de superar el propio.

3. *Cada trabajador tiene la habilidad básica para mejorar su trabajo.*
   Nadie mejor que el trabajador para hacer su trabajo. Tomando esto como un hecho, él será quien deba cambiarlo y mejorarlo. Muchas veces los jefes y gerentes caen en el error de querer modificar la forma en la que realizan el

trabajo sus colaboradores, sin contar con suficientes conocimientos sobre lo que éstos hablan o hacen.

4. *A la gente le gusta mejorar su trabajo y encontrar satisfacción en lo que hace.*
En efecto, aunque parezca extraño, el motivador más efectivo es la satisfacción personal que se siente por el trabajo realizado. Podría pensarse que lo sería el dinero percibido por cumplir nuestras labores, pero no es así. La satisfacción se lleva el primer lugar en esta motivación. Por consiguiente, debemos conceder a las personas el poder para mejorar su trabajo; permitir que tengan la responsabilidad, pero también la autoridad para mejorar partes o procesos de su labor.

5. *A la gente le gusta participar en grupos.*
Los latinos nos caracterizamos por preferir el desarrollo individual más que en grupo. Sin embargo, tenemos un fuerte sentido de pertenencia de grupo. Nos gusta estar en el grupo de la familia, de los amigos de la escuela, del trabajo. Por tanto, es importante motivar a la gente a formar grupos de participación dentro de la empresa.

6. *Las mayores mejoras en el trabajo las logran quienes lo realizan directamente.*
Reza un refrán: "Nadie mejor que el cucharón sabe qué hay adentro de la cazuela". Imposible explicarlo mejor. El colaborador que realiza el trabajo es quien mejor sabe

lo que está pasando con éste, cómo mejorarlo, cuándo debe hacer los cambios y cuándo esperar.

7. *A los trabajadores se les debe ayudar a adquirir las habilidades básicas para mejorar su trabajo.*
Capacitación, entrenamiento o adiestramiento. Sea cual sea el nombre que se le quiera dar al proceso de cambiar la condición actual de una persona, en la que le falta alguna habilidad, conocimiento o experiencia, es indispensable que al trabajador se le brinde alguno de los tres mencionados, el que más le convenga. Dicho proceso es obligatorio para mejorar las condiciones de trabajo. Lo más importante es darle al colaborador o jefe las herramientas básicas para desempeñar su trabajo y eso no se soluciona mandando en grupo a todo el personal a cursos de capacitación o motivación.

8. *El papel del supervisor es el de asesor, consultor y coordinador.*
Nacido con la ola del organigrama tradicional, en el cual el cliente está abajo de toda la pirámide organizacional, y el director por encima de todos, mandando a diestra y siniestra, el supervisor debe cambiar su papel. *Supervisor es quien ve por encima.* Desde siempre la labor de los supervisores ha sido ver que los trabajadores cumplan con su trabajo, que obedezcan y no pierdan tiempo; es decir, todas sus labores implican castigo y presión. El nuevo rol del supervisor consiste en ayudar, contestar y orquestar. En su papel de asesor deberá indicar el camino a seguir y cómo andarlo. Asimismo, deberá resolver las dudas de

las personas, deberá saber más que ellas, con el propósito de orientar, más que de obtener poder.

9. *El papel del trabajador es ser gerente de su propia área de responsabilidad.*
Este concepto es quizás el más difícil de captar cabalmente. Contemplamos al gerente como el individuo que tiene a su cargo a un grupo de personas; lo coordina, dirige o gestiona. Si logramos entender que un gerente es aquel que se encarga de su grupo, podemos decir que ésta es su responsabilidad. Si el gerente sólo tiene dos personas a su cargo, pero muchas actividades más que hacer, su responsabilidad serán estos dos colaboradores, más todas esas actividades, las cuales habrá de administrar, comunicar, gestionar, mejorar, etc. Por último, si el gerente no tuviera subordinados, pero siguiera con todas sus actividades, llegaríamos al siguiente punto: aun sin colaboradores, el trabajador puede ser gerente de su propia responsabilidad.

Taner y Athos

En 1982 se publicó el libro *El arte de la gerencia japonesa*, de Taner y Athos, el cual confirmó nuestras ideas sobre el valor del personal en la empresa, sobre la interdependencia que existe entre todos los que trabajan en ella y la conveniencia de involucrar en un nivel máximo a los empleados de la organización.

Sergio Reyes

Una señalada aportación a nuestra filosofía de la participación fue la del consultor de empresas mexicano, el doctor Sergio Reyes, del grupo Dando. Sus orientaciones sobre cómo democratizar el ejercicio de la autoridad, tomar en cuenta la retroalimentación y flexibilizar las relaciones interpersonales fueron muy valiosas.

Su concepto del liderazgo situacional, tomado de la teoría de R. Tannebaum y W. B. Schmidt, fue para nosotros una verdadera revelación porque nos permitió llevar a cabo los proyectos de participación en forma adecuada al desarrollo y maduración profesional y humana de nuestro personal.

El liderazgo situacional indica que, a menor madurez del trabajador respecto de las tareas asignadas, deberá haber mayor información y control del jefe. Es decir, la labor subsidiaria del jefe se enfocará a llevarlo de la mano.

Por lo general esta situación ocurre con los trabajadores nuevos, al asignar una nueva responsabilidad o al modificar los sistemas de trabajo.

En la medida en que esta madurez crece, el control disminuye, y el jefe va abriendo más la puerta a la participación funcional, hasta el punto en que puede delegar ampliamente pues los trabajadores ya son maduros por completo. La falta de control no implica el libertinaje de dichos colaboradores, sino la libertad total. Ellos cumplirán con su trabajo a tiempo y de manera adecuada.

Tom Peters y Robert H. Waterman

Uno de los libros extraordinarios que alimentaron la revolución de la administración tradicional en la última parte del siglo pasado y nos inspiraron para modificar nuestra visión, para prepararnos con miras al futuro fue *En búsqueda de la excelencia*, de Tom Peters y Robert H. Waterman, editado a finales de 1982 y del que se vendieron cinco millones de ejemplares en sus quince traducciones.

Cuando Bimbo nació, nuestro plan original era operar una empresa sana en la que se respetara a los trabajadores, con ciertos niveles de calidad, pero no con un nivel de excelencia. "La excelencia es para la General Motors, para los grandotes", pensábamos.

Pero Tom Peters nos dijo: "Tú también puedes ser excelente, con tu tamaño actual o con cualquier otro". Realizamos un cambio drástico, sin duda, todo un cambio de mentalidad. Antes solíamos decir que cantábamos mal pero recio. Entonces llegó la inspiración de la excelencia.

Claro, cuesta trabajo y dinero, como en el siguiente ejemplo: Comenzamos a fabricar una nueva galleta con una máquina fabricada en Austria con un valor de un millón de dólares, que en aquella época era una fortuna. La instalamos en México, en Marinela, y al arrancar el trabajo con ella comenzó a subir el número de bajas de productos.

Nuestra norma es intentar trabajar con menos de uno por ciento de bajas. Pero en este caso, subieron al cuatro, cinco, siete por ciento. Se presentaban muchas quejas respecto a la calidad. Pues bien, descubrimos que un buen día alguien de ventas llegó a ver al supervisor de producción y le comentó: "Oye, los clientes dicen que están muy pálidas las galletas, a ver si las puedes hacer más doraditas" y, sin más ni más, le subió la temperatura a la máquina. Se torcieron todas las planchas y la máquina se descompuso. Le hablaron al departamento de mantenimiento, que me dijeron lo que en verdad ocurrió: "Se acabó la máquina; si seguimos trabajando con ella, vamos a tener bajas y mala calidad". Y ¿dónde está la excelencia? Pues a la basura la máquina de un millón de dólares y a comprar otra. Antes habríamos pensado: "Ni modo" pero no, el cambio es total.

El concepto de la excelencia se abordó también en *Working Smarter*, editado por Fortune Magazine y *Pasión por la Excelencia*, del mismo Tom Peters y Nancy Austin.

Philip Crosby

Los catorce pasos de Philip Crosby para la Calidad Total nos impulsaron a realizar un plan específico firmado por todos los directivos, ejecutivos y gran parte del personal en marzo de

1985. Esta medida constituyó un parteaguas en la historia del Grupo Bimbo respecto a nuestra visión, a nuestra forma de trabajar y de administrar. Las enseñanzas de Crosby se convirtieron en una herramienta importante para alcanzar la excelencia y resolver todos los problemas de exportación que enfrentábamos.

Para ello creamos una estructura administrativa, de jefes, programas de capacitación. No hicimos grandes avances en año y medio pero, mientras tanto, leímos obras de otros pensadores, mezclamos varios conceptos de calidad total y gradualmente progresamos en ellos. Todavía no hemos puesto en práctica todo lo que quisiéramos, pero sacamos una conclusión:

Calidad total significa:

- Trabajar.
- Conseguir los mejores resultados.
- Mantener la calidad en todos los órdenes mediante el trabajo con datos estadísticos y no datos "sacados de la manga".
- Involucrar al personal, un aspecto en extremo importante
- Buscar la mejora continua.

Ésos son, en esencia, los conceptos de calidad total.

Recuerdo una anécdota: en el proceso para hacer el pan blanco, la masa llega finalmente a una máquina divisora, que la corta en pedazos, donde cada uno de ellos formará un pan. Se supone que cada pedazo debe tener el peso exacto. Esas piezas se meten al molde y finalmente se hornean. Durante años en las máquinas llamadas divisoras de cuatro "pockets" entraba la masa por una tolva y salían cuatro bolitas que se iban por una banda; con una pequeña báscula, el maestro divisor selectivamente dictaminaba si faltaba o sobraba. Pero de cuando en cuando pesaba una bolita y si el peso no era el correcto, le movía algo a la máquina; eso se hacía todo el día durante tal vez veinte años, en cincuenta máquinas, veinticuatro horas al día. Cuando entramos al proceso de calidad total y hablamos de datos estadísticos se revisó la divisora; para entonces, la máquina ya no era de cuatro pockets, sino de ocho. Agarraron esas ocho, las pesaron y vieron que unas pesaban más y otras menos. ¡Todo lo que se había venido haciendo era inútil!, dependía de la casualidad. Ese día nos dimos cuenta de que esas máquinas no eran precisas.

Con el tiempo hubo que pensar en buscar otro tipo de máquina que diera el peso exacto. Ya las tenemos: las computadoras pesan décimas de gramos, no hay necesidad de mover nada, nos dan la información exacta. Pero... tantas horas y años de trabajo, tanta gente haciendo algo sin ton ni son, por no tener buena información. Si hubiéramos contado con esos datos antes de la época de la computación, por lo menos nos habríamos ahorrado el trabajo de estarle moviendo. Es decir, ¡a trabajar con datos!

K. Ishikawa, Juran y E. Deming

Más adelante, los pensamientos de Ishikawa, Juran y Deming, específicamente los captados en el libro sobre este último escrito por Mary Walton, nos guiaron en el proceso de nuestro Plan de Calidad. Las ideas fueron comunicadas a todos los jefes a través de seminarios y lecturas. Insistimos en la formación de los jefes y en el análisis de los sistemas y procesos. Eso nos llevó después a procesos de reingeniería, debido a que, como señala Juran, los líderes tienen "ochenta y cinco por ciento de la responsabilidad". Por lo general los errores no se deben a los trabajadores sino a los sistemas, los procesos y la forma de trabajo que en última instancia son diseñados por la administración.

En estos procesos de calidad total y de reingeniería llegamos a la conclusión de que las cabezas, o más bien la cabeza, es la que debe estar absolutamente convencida y tiene que participar de manera directa. Si la cabeza lo delega, como ha sucedido en otras empresas ("Vamos a formar un comité"), no funciona porque se requieren decisiones tan importantes que la única que puede tomarlas es la cabeza.

Cuando solicitamos asesoría externa para decidir si entrábamos a la reingeniería, nos presentaron varias propuestas tremendas. Una planteaba que nos sobraban siete mil trabajadores a quienes, desde luego, no despedimos. Otra, que teníamos que rehacer todos los sistemas. Eran decisiones que implicaban millones de dólares, que una persona sin la responsabilidad y la autoridad necesarias no puede tomar. Ésta requiere involucrarse en todos estos procesos, los cuales implican cambios y decisiones serias, importantes; en los que se necesita seguir el ejemplo; en los que se requiere fuerza de comunicación con toda la gente para que se den cuenta de que va en serio, que es verdad.

La reingeniería nos aportó ideas extraordinarias. Yo digo que fue el bulldozer que nos animó a alcanzar la calidad total. Uno de sus aspectos más impresionantes fue que nos percatamos de que estábamos manejando nuestras decisiones importantes utilizando los conductos departamentales, con organización vertical. Para hacer una fábrica, había mucha interacción y los proyectos se retrasaban mucho. Al percibir que esto debía manejarse horizontalmente como un proceso, nombramos un responsable de ese proceso, que coordinaba todo lo demás. Por ejemplo, la construcción de una fábrica que tomaba año y medio, la bajamos a unos diez meses, desde la compra del terreno hasta la venta del primer producto.

Un ejemplo útil fue el de la Bell Company de Estados Unidos, la cual, al realizar su revisión de ingeniería, estudió el proceso de instalación de un teléfono nuevo. Vieron que les tomaba catorce días en promedio, desde que les llegaba la solicitud hasta que el teléfono estaba en funcionamiento. Trabajaron en ello y consiguieron hacerlo el mismo *día. Fue una mejora, no de veinte ni de cincuenta por ciento, sino de miles por ciento.*

Eso nos alentó a percatarnos de que hay cosas que deben revisarse a fondo, porque la burocracia, la tradición, hace que las cosas se realicen de una forma que quizá no es la que puede competir contra el que busca hacer las cosas en verdad.

En efecto, la reingeniería nos obligó a hacer cambios relevantes; formamos equipos de seis o siete personas que viajaron por todo el mundo y se reunían a revisar todos los procesos y los sistemas. Todo ello durante más de un año y nos permitió entrar a la modernidad. De otra manera nos hubiéramos quedado atrás.

JACK WELCH

En la última década del siglo veinte, el pensamiento de Jack Welch, presidente de General Electric, nos ayudó a descubrir nuevas formas y prácticas en nuestra visión como empresa.

Su libro *Control your destiny or someone else will* iluminó nuestra visión en lo que para nosotros fue prácticamente la década de inicio de nuestra expansión internacional.

Capítulo 5

HACIA UNA TRANSFORMACIÓN DE LA EMPRESA

"Que el trabajo no sea sólo una tarea, sino una misión, una pasión y una aventura. Para ello las metas de los trabajadores tienen que ser las mismas de quienes la dirigen. Sólo así asumirán plenamente su responsabilidad y darán lo mejor de sí mismos."

Lorenzo Servitje

Necesidad de una transformación

Para alcanzar sus fines y guiarse con los principios que hemos analizado en este libro, la empresa, en todo el mundo y particularmente en México, debe transformarse. Y debe transformarse en lo económico, en su manera de trabajar para obtener buenos resultados económicos; y también, en forma muy importante, en el aspecto social.

¿Cómo transformarse en el aspecto económico? Poniendo en práctica, viviendo, volviendo realidad, haciendo vida los conceptos estudiados, por ejemplo, la reingeniería, una herramienta muy poderosa para empujar hacia la calidad total, hacia la excelencia. Para ello hay escuelas magníficas en México: el IPADE, las grandes universidades —de la provincia y de la Ciudad de México—, el Tecnológico de Monterrey, son instituciones que orientan al empresario hacia esta área. Se está avanzando.

En el aspecto social —salvo la USEM— no hay ninguna institución empresarial, cuyo objetivo primordial sea el difundir e impulsar los valores que hemos analizado. Mucho se ha escrito referente a la transformación de las empresas usando herramientas de administración; muy poco intentando transformarla con base en los principios y doctrinas sociales.

Al buscar una transformación social, lo primero que una empresa debe hacer es escribir sus objetivos, su código de ética, su filosofía empresarial. Sin eso, se moverá sin ton ni son, al estilo antiguo, tratando de engañar al fisco, de pagarle poco a los trabajadores, de engañar al público, porque no hay objetivos que no sean ganar dinero, pagar deudas, sacar adelante a la compañía.

Entonces, la dirección de la empresa, aunque sea pequeña, debe escribir, aunque sea en una servilleta de papel, qué es lo que quiere que su empresa sea en el aspecto social. Tendrá que establecer: "Quiero ser una empresa honesta; justa; participativa", y otras características de tipo social.

Asimismo, declarar: "Quiero ser una empresa que no contamine; que participe en el aspecto político; que haga oír su voz a través de las organizaciones adecuadas; que pague sus cuotas y sus impuestos".

Para realizar una transformación primero hay que trazar lo que se quiere hacer.

Resulta fundamental que las empresas, sean cuales sean su tamaño y actividad, cuenten con una guía clara de cuáles son sus objetivos en todos los órdenes, sobre todo en el social. La definición clara y precisa de ciertos objetivos ha sido la gran fuerza que las inspira a comprender su responsabilidad en el ámbito social.

La empresa tiene una influencia decisiva en la vida socioeconómica; influye sobre el nivel y la calidad de vida, la economía, los valores, el desarrollo, la política y la paz social.

Empresas sanas, eficientes, responsables, que operen con armonía, calidad y productividad, contribuirán a una sociedad sana y positiva.

Empresas ineficientes, irresponsables, cuyos integrantes trabajen en pugna, donde no se respeten los grandes valores, serán precarias, improductivas, conflictivas y propiciadoras de una sociedad igualmente enferma y negativa.

No es posible, ni cierto, que exista una sociedad sana con empresas que no lo son. Tarde o temprano empiezan a hacerse evidentes las consecuencias de una actitud empresarial miope, egoísta y sorda ante la indeclinable responsabilidad de las empresas ante todos los miembros de la sociedad en que se desenvuelven.

Toda empresa debe tener una filosofía clara, inspirada en los altos valores.

Los grandes principios sociales son en realidad los principios elementales de la ley natural, congruentes con la psicología humana. Si se desea una sociedad sana, no se pueden violentar dichos principios.

Por ello, los sistemas pendulares que han exacerbado algunos de sus postulados en flagrante violación de los derechos y aspiraciones fundamentales del hombre, han fracasado rotundamente.

Algunas personas piensan que en la libertad todo está permitido y que los trabajadores son "libres" de trabajar o no bajo las condiciones que se les imponen. Estas personas ignoran, o no quieren ver, que el desempleo, la miseria y las más apremiantes necesidades hacen desaparecer la libertad y fuerzan a los trabajadores a aceptar situaciones por debajo de las condiciones básicas de vida.

En el polo opuesto están quienes piensan que las personas por sí solas son incapaces de estructurarse en sociedad como es debido. Creen que la libertad se usaría mal, en perjuicio de los menos favorecidos. Por tanto, se requiere un gobierno fuerte, totalitario, que imponga la igualdad, planifique todos los aspectos de la vida ciudadana y limite la libertad personal a la conveniencia de las mayorías.

Como sabemos, estos sistemas pendulares están en el proceso de naufragar.

En ambos sistemas entran en juego también la corrupción, los abusos y la dureza de corazón de quienes los dirigen. Por desgracia, en ese panorama no se viven los principios a los que nos referimos; más bien, se violan de manera evidente. No debe extrañarnos entonces que el mundo viva convulsionado, sin verdadera paz, cuando las condiciones y el egoísmo de unos pocos se imponen a las mayorías desprotegidas.

Debería ser evidente para toda persona que vive en sociedad la necesidad de comportarse con responsabilidad frente a los demás y frente a todo lo que engloba la vida social.

Sólo se concibe una vida social armónica bajo la premisa de que los integrantes de esa sociedad se comporten no sólo de manera responsable, sino que exista la conciencia de que nuestros semejantes necesitan de nuestro respeto, nuestra confianza y, ¿por qué no?, nuestro afecto.

El sentido común nos dice que toda persona tiene derechos de diverso orden y que es nuestra responsabilidad respetarlos, tal y como queremos que se respeten los nuestros. También debe ser claro que sólo en un ambiente de *confianza* fluye con eficacia cualquier actividad humana y que, sin la calidez que pone el *afecto*, la relación no se optimiza.

> *Además, la vida en sociedad sólo puede funcionar cuando existe un código de ética, leyes, reglamentos y costumbres que permiten una sana mezcla de los principios de orden y libertad, y cuando se acatan estas normas de convivencia.*

Dado el escenario anterior, la empresa debe ser un caldo de cultivo para desarrollar todos estos conceptos. La razón es muy sencilla: pasamos gran parte del día dentro de la empresa; por lo regular le dedicamos más de la mitad de nuestra vida, sin tomar en cuenta las horas que pasamos dormidos.

El empresario:

- Es la persona que asume la autoridad en la empresa; el servicio que brinda se define por el conjunto de objetivos que la organización se ha impuesto.

- Tiene un rango de responsabilidad que abarca desde el grupo que él integra hasta la sociedad entera.

- Como responsable de la disposición de los bienes de la empresa, ha de procurar su uso con la máxima eficiencia y la mayor eficacia posibles.

- Como dirigente de hombres, deberá coordinar e inspirar a sus colaboradores, propiciar su participación en la compañía y estimularlos en su perfeccionamiento personal y profesional.

- Deberá asegurarse de que el valor agregado se reparta con justicia y equidad, de acuerdo con el desarrollo y la continuidad de la empresa y con base en los derechos de inversionistas, técnicos, trabajadores, proveedores, sociedad y gobierno.

- Como persona, debe participar con plena responsabilidad en la vida cívica y política. De la misma manera que el hombre reconoce la necesidad de ser responsable como persona, la empresa, constituida por seres humanos y dirigida necesariamente por ellos, tiene también una moral.

Los problemas son oportunidades

Son muchos los que bendicen las desgracias o problemas que les sobrevinieron, porque lograron superarlos y al final se sintieron más preparados para hacer frente a la vida.

Enfrentar las crisis, crecerse ante los problemas, aprender de ellos y reacomodarse ante lo inevitable hace que la persona madure, se fortalezca y encuentre caminos y soluciones antes insospechados. No sólo eso, sino que en cada problema hay una oportunidad latente. De las grandes crisis nacen las grandes soluciones. De lo aparentemente imposible surgen las posibilidades creativas.

Las épocas de crisis son malas para quienes se agachan, no tienen optimismo y no sueñan. Pero, al mismo tiempo, son motivo de reto, de oportunidad y nuevas esperanzas para aquellos que, sin ser ilusos, son optimistas. Los problemas nos permiten madurar y ser adultos.

En América Latina es evidente la necesidad de modificar las estructuras que rigen a la empresa, las leyes, instituciones y costumbres, para adaptarnos a una sociedad emergente, mejor preparada, mejor informada, con aspiraciones y anhelos más definidos que los de sus antecesoras.

Debemos enfrentar también un hecho notorio: muchos jóvenes ven con desconfianza la actividad empresarial. Sin embargo, la responsabilidad e inteligencia de los pueblos civilizados se demuestran en su habilidad para readaptarse sin dejar avanzar los problemas de manera que sea cada vez más difícil remontarlos.

Cuando más se requiere eficacia y productividad, nuestro aparato productivo no muestra agilidad para adaptarse rápidamente. Las hambrunas que padece nuestro mundo se deben, en gran medida, a la baja productividad personal, no sólo porque hay demasiadas personas dedicadas a las actividades terciarias y cuaternarias, sino porque las que se dedican a las actividades primarias y secundarias son escandalosamente ineficientes.

A la inversa de lo que muchos suponen, la falta de productividad y eficacia no es culpa de los trabajadores; no es que sean flojos o incompetentes: la responsabilidad es del sistema, de los jefes o del estilo de liderazgo.

De ahí que a los empresarios capaces de desencadenar, de liberar los potenciales ocultos en cada persona se les abran oportunidades sin límite.

Pretender operar en ese entorno sin la voluntad de adaptarse es suicida y es lo que, por desgracia, sucede a muchas empresas, grandes y pequeñas, que no han entendido ese nuevo liderazgo. Se debaten y luchan con desesperación, ya no para consolidarse y progresar, sino para no desaparecer o para morir más lentamente.

Estos trágicos resultados tienen una sola explicación: *la empresa tradicional es ineficiente por naturaleza*. La administración formal, autoritaria, estructurada, padece siempre los vicios del burocratismo. Las actitudes de todos, o casi todos, son de conformismo, de menor esfuerzo, de no involucración. En casos más graves, hay desinterés, resistencia y conflictos.

Es necesario encontrar formas prácticas de implantar y vivir una filosofía empresarial acorde con los más altos principios. Ante toda esta problemática, de querer hacer y no encontrar cómo, muchos hemos sentido que un camino seguro para aproximarse a la vivencia de estos principios es fomentando la participación. ¿Por qué la participación? En primer lugar, porque es eminentemente humana: nadie quiere estar fuera del equipo, no jugar, ser sólo un engrane.

Todos deseamos saber por qué hacemos y para qué hacemos; queremos aportar, no sólo nuestros brazos o inteligencia, sino nuestra emoción, creatividad, estilo y responsabilidad.

El sistema de contrato y salario, de división del trabajo, de poca información y de escasa o nula participación no encaja con la naturaleza humana; la contradice y la violenta, por eso no funciona. Es ineficiente, no permite la realización del hombre, sino que propicia su enajenación.

A TRAVÉS DE LA PARTICIPACIÓN

Es de todos sabido que en la actualidad Japón domina los mercados internacionales con una serie de productos que hasta hace poco eran casi exclusivos de otros países. Unos cuantos ejemplos son los relojes, los televisores, los automóviles y las cámaras fotográficas, de cuyo mercado controla un alto porcentaje. Este *milagro japonés*, que compite con las industrias tradicionales alemana, suiza y estadounidense, tiene sus raíces en algunos principios que los japoneses practican casi con religiosidad:

- *Cuidan perfectamente la calidad.* Todos, jefes y trabajadores, aúnan sus esfuerzos para que sus productos mantengan la calidad especificada. Son incapaces de permitir que salga a la venta un producto defectuoso.
- *Trabajan unidos*, conscientes de que son responsables del futuro de su empresa y de su país.
- *Están bien informados* de los objetivos, de las metas y los planes de la empresa.
- *Sienten confianza y una profunda lealtad* a su compañía, porque saben que su futuro está íntimamente ligado al suyo.
- *Poseen muchas características positivas más*, como su disciplina, su laboriosidad, su precisión y su sobriedad.

Las empresas japonesas funcionan como grandes familias: todos están interesados, no en los beneficios personales sino en el bien común y el trabajo en equipo. Hay muchas virtudes en este estilo de trabajar que debemos estudiar y adoptar si queremos permanecer y mantener nuestro liderazgo; además, funcionan con un estilo más humano y fraternal, con el que todos nos sentiríamos satisfechos.

En Bimbo nos adentramos en la filosofía de los japoneses, a través de Ishikawa y del programa de calidad total. Yo viajé a Japón, acudí a algunas empresas, conversé con empresarios. Quizás es un simplismo, pero pienso que el éxito del empresariado de ese país se debe más que nada al respeto a las personas. No le hacen el feo a su personal cuando quieren hacer algo; lo involucran.

Los obreros japoneses, y asiáticos en general, se sienten parte de su empresa; se les respeta e informa; se les permite participar. Y ellos se entregan con el alma. No observan el reloj a ver si ya llegó la hora de irse. Piensan que su empresa es un lugar que tienen que cuidar; que es parte de sí mismos; que no les va a fallar.

Sin duda, lo más importante en este milagro es que en vez de usar a las personas, las involucra.

La *participación*, desde sus fases fundamentales, abarca por sí sola muchos aspectos de la Doctrina Social Cristiana, como el respeto a la dignidad, la subsidiaridad, la solidaridad y la justicia. Como ejemplo podemos tomar la información y la comunicación que apoyan el respeto a la persona, al darle información veraz y oportuna.

Posteriormente, la participación funcional y la participación en las utilidades apoyan los principios de justicia y solidaridad, al repartir parte de dichas utilidades entre los trabajadores. Por último, las más avanzadas, la participación en la propiedad y la institucional, son la integración de toda la filosofía: los trabajadores son socios y ayudan a dirigir la empresa.

Además, la participación responde a los principios elementales de la psicología humana, a las leyes de la productividad, de la eficiencia y la eficacia. La participación en sí es sólo una herramienta, pero son de tal trascendencia sus repercusiones morales y socioeconómicas, que hacen indispensable la realización de un estudio y una implantación profundos.

La implantación de una política de participación en la empresa no se puede imponer como una práctica de productividad o de relaciones laborales. Tiene que emanar como una respuesta a los cambios que la empresa necesita realizar para conformar una nueva filosofía empresarial, congruente con los anhelos de la humanidad, hacia una sociedad más libre, más justa y más humana.

Es necesario resaltar la importancia que reviste que la participación de todos los que laboran en la organización sea congruente con la inexorable transformación social que se viene realizando.

Es evidente que la humanidad avanza, lenta pero consistentemente, de condiciones menos humanas a condiciones más humanas; está creciendo en madurez, cultura, libertad y conciencia de su dignidad.

El hombre, ser superior de la creación, cuya importancia en virtud de su trascendencia está por encima de los regímenes y de las fronteras de todo tipo, ha caminado, con avances y retrocesos, hacia sus objetivos de perfección y realización. Si bien han quedado atrás los regímenes de esclavitud y servidumbre, y más recientemente aquellos de corte totalitario, también hemos de superar las relaciones contractuales o de salario en las que la persona queda relegada al papel de un instrumento más, en el vasto acervo de los recursos de la empresa.

Es por eso que me permito señalar la participación como una alternativa viable y segura para caminar hacia la puesta en práctica de políticas y acciones acordes con nuestras inquietudes en el ámbito de la justicia social.

Capítulo 6

CÓMO AVANZAR EN LA PARTICIPACIÓN

La participación no es un objetivo, es una herramienta para dar verdadero contenido y hacer realidad el anhelo de que los trabajadores no sean ejecutores silenciosos sino que se empapen de los objetivos y las necesidades de la empresa, para que con interés, ilusión, creatividad y capacidad se integren al esfuerzo general.

La participación es la manera de hacer realidad el principio de subsidiaridad indispensable para que la gente crezca y se interese, para que no sea manipulada ni usada.

> *Se cree que la palabra "empleado" es sinónimo de usado, y si la empresa usa a las personas, eso ya es negativo. Es necesario que la persona se integre, forme parte de la empresa. Por ello a nuestro personal le llamamos colaboradores.*
>
> *Desde hace muchos años en el Grupo Bimbo manejábamos el concepto de la participación, pero en forma un tanto confusa. Un empresario colombiano, Andrés Restrepo (que en paz descanse), recogió todas las ideas y las ubicó en una escalera, ayudándonos a aclararlas.*
>
> *Así encontramos que la participación no sólo tiene varios aspectos, sino que éstos requieren un orden. No se puede tomarla al azar, hay que empezar por el primero y respetarlo puntualmente.*

La participación se presenta en un esquema sencillo con seis pasos que hacen que la realización de este proceso se lleve a cabo de manera lógica, armónica y eficaz:

1. Participación en la *información*.
2. Participación en la *consulta*.
3. Participación *funcional*.
4. Participación en las *utilidades*.
5. Participación en la *propiedad*.
6. Participación *institucional*.

En el análisis presentado a continuación se aprecia que los dos primeros pasos, la *información* y la *consulta*, son fundamentales; el tercero, la *participación funcional*, es la médula del proceso; los dos siguientes, la *participación en las utilidades y en la propiedad*, no son tan difíciles como parecen; y el último, la *participación institucional*, si bien no tiene relevancia ni aplicación hoy por hoy en nuestro medio, funciona de manera muy positiva en algunos países de Europa, particularmente en Alemania.

Participación en la información

Las verdades a medias son las peores mentiras. Para informar se requiere transparencia.

La participación en la información significa que las personas en la empresa —pequeña, mediana o grande— sepan todo lo que necesitan saber. Que conozcan los planes, los resultados, los problemas, los proyectos, incluso los sueldos. Es muy difícil dar toda la información, como sucede con la información sexual a los niños. No hay necesidad de decirles lo que no necesitan saber.

¿Por qué es difícil la participación en la información? Primero, porque abrirla cuesta trabajo: se necesitan tableros, boletines, juntas. Se requiere también una estructura organizacional que permita la administración en varias direcciones: de abajo hacia arriba, de arriba hacia abajo y de forma lateral. Se necesita orden. Eso entraña un reto. Otro aspecto de suma importancia es que es indispensable una transparencia total para poder hablar. Se necesita poder decir todo a las personas adecuadas de la manera adecuada y en el momento adecuado.

En efecto, este primer paso es el más difícil porque presupone una decisión auténtica de avanzar hacia un plan de participación. Es decir, antes de darlo, debió haberse decidido con seriedad "echarse el clavado".

Por otra parte, informar, en el sentido que aquí se entiende, implica cuatro pasos que deben llevarse a cabo y que tampoco son fáciles:

- Encontrar los medios físicos para hacerlo.
- Decir siempre toda la verdad.
- Conseguir credibilidad entre los trabajadores.
- Informar, transmitir información ordenada, sistemática, que llegue a todos, sin deformaciones.

Al principio, aunque se informe con la más estricta verdad y transparencia, habrá mucha incredulidad de parte de las mayorías. Las personas, con fuertes prejuicios —no gratuitos, por cierto— tardarán en convencerse de la sinceridad con que se plantea el proceso de participación y en confiar en él. Cuando esto se consigue, se abre todo un nuevo mundo de cooperación, que está en diametral oposición a la mal llamada lucha de clases o relación adversaria.

La maravilla de este primer paso de la participación es que transforma las actitudes del trabajador de neutras o negativas, a receptivas y de confianza. El logro anterior hace posibles la involucración y al anhelo de trabajar hacia un objetivo común. Todo esto deberá darse respetando las condiciones necesarias; si el trabajador descubre una mentira o alguna información oculta, este primer paso nunca prosperará.

Los medios para proporcionar esta información dependerán en gran medida del tamaño de la empresa. Si son entidades pequeñas, funcionan muy bien las juntas periódicas y algún boletín de información. Si se falla en la frecuencia y periodicidad, es decir, si se presentan rendijas en la información, se pierden con facilidad la credibilidad y la confianza que son difíciles de ganar.

La veracidad y la totalidad de la información son requisitos indispensables. Ya mencionamos que se parte de una decisión que implica un cambio, quizá muy profundo, de las prácticas anteriores. *No es aconsejable iniciar un plan de participación si no existe la decisión de actuar con toda la verdad.*

Informar nada más lo que conviene, ocultando deliberadamente algunos aspectos de la situación, es una manera de manipular a las personas. Esta manipulación se presiente o se descubre, y se pierde lo que se pretendía ganar. Así se desaprovecha, acaso para siempre, toda posibilidad de crear una empresa verdaderamente participativa.

El sentido común indicará qué es lo que hay que informar. Es necesario comunicar metas, planes, objetivos, resultados, problemas, oportunidades y toda la información que se requiera para evitar rumores y temores. Hay que hacer saber los éxitos y los fracasos, hay que involucrar a las personas en las estrategias para que, consciente o inconscientemente, todos tiendan hacia el objetivo común.

Además, una buena comunicación prepara para las revisiones de contrato, para las presentaciones de carátulas de resultados y para cambios de políticas.

Por lo tanto, este primer paso requiere que llegue a todos suficiente información; que ésta sea veraz, completa y pertinente; y que se muestren paciencia y tenacidad para obtener la confianza.

Participación en la consulta

La consulta es apenas la consecuencia lógica de una buena implantación del primer paso. Si las personas están bien informadas, si confían en las situaciones expuestas, es evidente que la siguiente medida que conviene tomar es preguntarles su opinión sobre los diversos aspectos. Se abre un canal de comunicación con fundamentos que ya todos conocen. Asimismo, seguramente la empresa se interesará por conocer la manera en que perciben las situaciones y por las posibles ideas o soluciones que puedan ofrecer. Lo que en un principio fue información empieza a convertirse en comunicación, en apertura.

Una vez que los trabajadores están informados, podrán contar con las herramientas para opinar sobre temas referentes a la empresa. ¿Quién mejor que el mismo trabajador sabe hacer sus labores? ¿Quién mejor que un chofer para conocer su camión? ¿Quién mejor que el vendedor conoce al cliente? En esta etapa, los trabajadores deben ser consultados acerca de diversos temas. Igualmente, antes de tomar una decisión, los jefes deberán preguntar a sus colaboradores qué opinan sobre las acciones que la empresa pretende emprender. Si bien ellos no serán quienes decidan, su punto de vista será tomado en cuenta.

En esta etapa, los jefes seguirán tomando las decisiones, pero ahora escuchando la opinión de los colaboradores.

En la puesta en práctica de esta etapa, es importante explicar al trabajador el mecanismo mediante el cual se realiza la consulta. Si el trabajador aporta opiniones, ofrece soluciones, participa con sus respuestas, pregunta, y al final del proceso ninguna de sus opiniones se usa, puede sentirse mal y dejar de hacerlo. Es necesario explicar de manera clara y directa cómo se llevará a cabo la sesión y cuál será el fin de la misma. Si el jefe toma en consideración la opinión de alguien, será importante enterar a esa persona, con el propósito de que los demás sepan que sí se están escuchando las aportaciones, y para motivarles a que sigan participando de manera dinámica y continua.

Cada etapa sirve como base para la siguiente. Por ejemplo, en el tercer paso, la participación funcional, el trabajador deberá estar bien seguro de sus opiniones y disponer de toda la información referente a su trabajo y las relaciones del mismo. Es esencial que entienda no sólo su trabajo, sino de qué forma éste contribuye en el proceso, así como uno o dos pasos previos y posteriores.

Participación funcional

Se entiende por participación funcional la involucración y el conocimiento del trabajador de los aspectos de su área laboral que le permitan realizar su trabajo y tomar en lo personal, o en grupo, ciertas decisiones o iniciativas.

Las leyes de la lógica dictan que el trabajador que realiza continuamente una función, sabe de ella más que muchos otros; asimismo, si conoce los objetivos, si está capacitado y motivado, es posible y probable que pueda corregir sus errores y modificarla o tomar las decisiones que mejor convengan cuando sea necesario.

Ejemplos de esa participación surgen todos los días en una empresa estructurada armónicamente, de los cuales presentaré algunos muy concretos. En el año de 1962, en el Grupo, el gerente general era el que tomaba todas las decisiones. Tenía su equipo, por lo general de cinco, seis o siete personas de primer nivel, con quienes se reunía una vez a la semana, cada uno a distinta hora. Entonces decidimos poner en práctica lo relativo a la toma de decisiones y nos propusimos: "Vamos a crear una junta de gerencia; el gerente seguirá siendo el que tome las decisiones pero, en vez de reunirse en privado con cada uno de sus colaboradores, lo hará con todos cada lunes". Y se instituyó la "junta de gerencia" con la orden del día en la que se trataban los asuntos normales de la agenda de trabajo, además de aspectos coyunturales. Ahí surge un trabajo de equipo, participativo; todos empiezan a conocer la problemática de cada departamento y se evitan chismes, rumores y dudas. Una consecuencia maravillosa es que las decisiones son mucho más ponderadas, mucho más inteligentes. El beneficio resulta increíble: cualquiera de los colaboradores podría ser gerente en el futuro. Una ganancia inmediata es que en ausencia del gerente no es necesario suplirlo; cualquiera de ellos hace cabeza.

Otro ejemplo de la participación funcional: en la organización tenemos gran número de camiones —cerca de veintitrés mil— y a pesar de contar con un sistema de capacitación y entrenamiento en seguridad muy importante para los operarios de estas unidades, tenemos accidentes. Nuestros índices de siniestrabilidad son bajísimos en comparación con otras empresas. Pero sufrimos accidentes, choques, muertos, volcaduras, como en todos lados; basta hacer cuentas: si un chofer se involucra en un accidente cada veinte años, cada veinte años tendremos veintitrés mil accidentes.

Antes, la manera de atender este aspecto era la tradicional: cuando había un accidente, el gerente de ventas corría al lugar en cuestión a atender el problema con las autoridades y demás involucrados; al final en ocasiones se requería recurrir a un juicio para deslindar responsabilidades. Cuando se pensó en este aspecto de la participación, los propios manejadores, vendedores y supervisores crearon una comisión de seguridad y establecieron sus normas. La comisión se reúne periódicamente; su objetivo es atender y analizar las causas de estas situaciones problemáticas, y proponer cómo pueden evitarse en el futuro.

La comisión de seguridad, integrada por obreros, casi siempre sindicalizados, opera en cada lugar donde hay camiones. En cada una de las cuatrocientas o más agencias con cincuenta o cien camiones cada una, hay comisión de seguridad, cuyos integrantes atienden sus propios accidentes; ya no necesitan de un supervisor o del gerente. Se ha dado el caso donde la propia comisión de seguridad le dice al conductor: "Ya no puedes seguir manejando".

Cuando los trabajadores están capacitados, informados, motivados y cuentan con la libertad de usar su iniciativa de ser necesario, los resultados son muy positivos. Muchas funciones, que por estar hoy reservadas a los jefes provocan resentimiento en aquellos de menor jerarquía, pueden ser manejadas por equipos responsables. En cambio, cuando los trabajadores no están fuertemente involucrados y responsabilizados del objetivo de su esfuerzo, se generan resultados negativos, como la ineficiencia, la burocracia y la mediocridad.

El principio de subsidiaridad nos dice:

Que no haga el órgano superior lo que puede hacer bien el órgano inferior.

Una sana aplicación de dicho principio se convierte en el principal motor para el desarrollo de las personas. Les da confianza en sí mismas; descubren que pueden ser creativas; florecen sus iniciativas; usan sus capacidades latentes, y son más productivas en beneficio de ellas mismas, de su empresa y de su comunidad.

Sin la aplicación de este principio, se mantiene a las personas como menores de edad, sin responsabilidad, entusiasmo ni confianza en sí mismas. Por lo tanto, se obtienen resultados mediocres.

La participación funcional no es una panacea, pero sí es una de las herramientas que permite la transformación de las actitudes y resultados del trabajo. Una vez dados los dos pasos anteriores, y estando en operación adecuadamente la participación funcional, se producirán aumentos significativos en la productividad.

Facultamiento

El dar la oportunidad de tomar decisiones o *empowerment* es reflejo de la filosofía antes analizada. Término dado a conocer ampliamente apenas en los años noventa, ha sido un concepto que llegó para quedarse.

> Empowerment *(facultamiento)*, *o darle poder al colaborador, significa asignarle la responsabilidad de realizar tareas, pero también otorgarle autoridad.*

El modelo tradicional de administración de personal considera que las personas son responsables de ciertas funciones, pero no tienen autoridad para cambiar nada referente a ellas. La participación funcional resuelve este problema, es como un facultamiento, sólo que más elaborado y parte de una filosofía y no de un concepto aislado.

Participación en las utilidades

La justicia y la equidad señalan que la productividad debe compartirse, y una manera sana de hacerlo es entre todos los factores de la producción:

- Con los *inversionistas*, mejorando el rendimiento de los fondos invertidos.
- Con los *clientes* o *consumidores*, mejorándoles el precio de los productos.
- Con los *trabajadores*, mejorándoles sus ingresos.

Sin embargo, resulta más prudente y más justo que se compartan los buenos resultados, cuando los haya, pero que no exista ese compromiso cuando no los hay.

La participación en las utilidades, que en México existe por ley, es un excelente instrumento de involucración, ya que premia a todos cuando las cosas van bien y, por otra parte, manda señales muy claras cuando marchan mal.

La necesidad absoluta de informar con verdad que ya mencionamos implica proporcionar este aspecto de la información sobre los resultados con absoluta transparencia.

Es impensable mantener una relación laboral sana y un compromiso de participación sin contar con la certeza de que los resultados dados a conocer son los verdaderos.

Algunos empresarios, con una visión equivocada, aún piensan en manipular las cifras, sobre todo para efectos fiscales, y esto, como consecuencia, afecta la participación de utilidades.

Por otra parte, y esto resulta igualmente impropio, algunos empresarios negocian la participación de utilidades, canjeándola por más días de aguinaldo o por alguna clase de bonificación, aunque las cifras, reales o alteradas, sean menores. Tal práctica sospechosa destruye la bondad de este elemento de participación, ya que resta credibilidad y hace que se pierda el fuerte efecto motivador. Asimismo, se restan al individuo las oportunidades de ser verdaderamente adulto y entender que cuando las cosas van bien o mal, todos tenemos que beneficiarnos o sufrir las consecuencias.

Contemplar la participación de utilidades como una imposición legal o como un problema enojoso, es miopía. Más bien, este tipo de participación es una herramienta para alcanzar la equidad, la productividad y la armonía.

Ya establecidas las condiciones adecuadas, es decir, cuando hay un buen proceso de selección, cuando se proporciona una buena inducción, así como la capacitación y el entrenamiento necesarios, se habrán dado grandes pasos para contar con una fuerza de trabajo magnífica y se habrán colocado cimientos sólidos para la buena marcha de la empresa.

Pero no es suficiente.

Es indispensable, además, que prevalezca una excelente información y comunicación. Son necesarios el diálogo, la involucración, la participación, la oportunidad de innovar, de cometer errores y aprender de ellos; en suma, la posibilidad para todos los trabajadores de ser y sentirse parte del equipo.

Cuando esto sucede, cuando opera el principio de subsidiaridad:

- Aflora el interés de cada uno.
- Crece la atención.
- Se despierta el ingenio.
- Se alimenta la imaginación.
- Florece la creatividad.

Es así como se puede liberar y desencadenar ese enorme potencial que hay en todo hombre cuando es tratado como persona. A la luz de estas realidades, resulta difícil comprender que existan estilos de liderazgo empresarial que pretendan seguir funcionando con los modelos obsoletos de la administración de personal.

Por ejemplo, observamos que a los trabajadores se les califica como "recursos humanos", lo cual en sí puede denotar que, inconscientemente, se trata al hombre como un recurso. Se dialoga con los líderes sindicales, mas no con los trabajadores; se negocia desde posiciones de fuerza; se imponen castigos; las metas, los estándares y los procesos se fijan desde arriba, dejando al hombre como poco menos que un ejecutor silencioso.

Se opera como si en verdad existiera la lucha de clases. Este concepto, nacido hace casi ciento cincuenta años en la mente de Marx, pudo o no haber tenido razón de ser. Lo absurdo es querer mantenerlo como una realidad. El mito de la lucha de clases lo mantienen vivo algunos líderes sindicales deshonestos a quienes les conviene atizar ese fuego y algunos intelectuales de izquierda que hablan mucho y escriben más, pero que no han sabido cómo ganar dinero en su vida. Lo mencionan algunos políticos y subsiste como enseñanza marxista.

Pero el verdadero empresario, el que está hombro con hombro con sus trabajadores; el que dialoga, discute y convive con ellos; el que sabe encauzar sus inquietudes y anhelos, no sólo no acepta la lucha de clases, sino que desprecia este concepto por su falsedad y mala intención.

En la empresa, vale la pena repetirlo, conviven:

- El enfrentamiento y la cooperación.
- La resistencia y la comprensión.
- La lucha y la concordia.

Y en ese crisol se forja el hombre, se produce la auténtica riqueza y se desarrolla la sociedad.

Participación en la propiedad

No hay progreso sin capitalización, ni capitalización sin ahorro.

Hablar de participación en la propiedad resulta un tema escabroso. Por eso mismo se conoce poco. Algunos empresarios lo condenan aun sin conocerlo. Otros lo asocian con prácticas socialistas, y a una gran mayoría ni siquiera les parece que sea un tema que amerite dedicarle tiempo. Intentaré probar que es un aspecto vital para el empresario, si desea permanecer y progresar en el nuevo entorno que rodea al mundo occidental. Pero, antes de entrar de lleno en materia, a manera de introducción, adelantaré algunas de sus características.

La participación en la propiedad:

- No es fácil de implantar.
- No es algo con lo que debemos empezar el proceso de participación; más bien, es la culminación.
- No cuesta; a la inversa, es altamente productiva.

- No es una práctica socialista, sino todo lo contrario; es la defensa más inteligente de la libre empresa y la defensa más efectiva contra los totalitarismos.
- No resta autoridad al empresario, lo legitima más y consolida su liderazgo.
- No es una aventura novedosa; es algo que está creciendo como una ola incontenible, con resultados de productividad que parecen increíbles.

Existen diversas formas, intensidades y variantes de la participación en la propiedad. El caso clásico es el de las *sociedades cooperativas*, cuya característica fundamental es que todos los integrantes de la empresa son dueños de alguna parte del capital. No parece que esta modalidad pueda proliferar, ya que el liderazgo necesario para formar una sociedad no parece abundar.

En algunos países, donde el mercado de valores está ampliamente desarrollado, muchos trabajadores obtienen *acciones* de sus propias empresas, ya sea a través de planes de opción de acciones, o directamente del mercado. Este caso existe de manera notoria en Colombia y en Estados Unidos. Muchos son los ejemplos en los que este tipo de participación se limita a los funcionarios de más alto nivel.

Hay, desde luego, aquellas empresas que nacen como una sociedad en la que todos sus integrantes son socios en mayor o menor proporción. Este caso es más frecuente y factible cuando se trata de grupos de profesionales que se reúnen para integrar una empresa de servicio. Otras compañías abren la posibilidad a sus trabajadores de todos los niveles de adquirir acciones de la misma. Este modelo es quizás el que requiere explorarse más.

Como ya se comentó, este tipo de participación sólo puede ocurrir cuando existe ya muy buena comunicación; cuando operan otras prácticas de participación, es decir, cuando hay un buen nivel de madurez de los trabajadores, de los jefes y, en particular, de los niveles supervisorios.

Uno de los obstáculos, que resulta formidable mas no definitivo, es que por lo general el trabajador no tiene dinero suficiente ni para adquirir una pequeña participación. La realidad es que el obrero difícilmente puede solventar sus gastos, lo que hace sumamente difícil el ahorro. Muchos de los planes de ahorro existentes no son en realidad más que maneras de conseguir financiamiento y, si acaso, la acumulación de alguna cantidad de dinero durante el año para destinarlo al gasto. No obstante esta realidad, hay varias maneras de propiciar ese ahorro destinado a la adquisición de acciones o cualquier forma de propiedad en la empresa.

Existe el llamado *salario de inversión*, que resulta cuando los trabajadores y la empresa pactan que una parte del salario (por lo regular una parte de los aumentos de salario) se descuente en forma sistemática y se vaya a un fondo que, con sus respectivos intereses, permite la adquisición de acciones.

El salario de inversión es un concepto poco conocido. En esencia, consiste en el recibido por los trabajadores además de su salario ordinario; su limitación es que debe dedicarse exclusivamente a la inversión e inmovilizarse en ella por un periodo determinado. Este tipo de salario tiene la ventaja de permitir una mejor distribución del ingreso, sin perjudicar el ahorro y la capitalización; asimismo, es independiente de la forma en que se invierta. Puede dedicarse a préstamos a largo plazo, obligaciones, acciones o certificados de inversión. Lo fundamental es que no aparezca en los mercados de consumo ni se atesore inútilmente.

Uno de los pioneros de esta forma de remuneración del trabajo fue el economista alemán del siglo XIX, Johann H. Von Thünen, cuya obra, por desgracia, es poco conocida y apreciada. Von Thünen observó que la insensata oposición de clases mantenía bajos los índices de producción, con perjuicio para ambas partes; igualmente, que esta oposición hacía que el patrón, al reducir los salarios, obtuviera una mayor parte del escaso producto.

Su principal descubrimiento fue que era posible alcanzar un tremendo aumento en la producción y costos bajos si se aprovechaban las enormes fuerzas de un trabajador común y corriente, dándole la oportunidad y los motivos para incrementar la producción, reducir los costos y participar en la producción aumentada. Además, consideró, sobre todo, se podía alcanzar esta producción aumentada, a un costo más bajo, si su parte se le adjudicaba en una forma que significara para él ahorro y propiedad. Fue una búsqueda noble para reconciliar el capital y el trabajo por medio de una nueva organización de la empresa, estableciendo un salario conformado a la naturaleza humana. Realizó este plan en su granja familiar y el patrimonio que se formó fue conservado por los trabajadores durante varias generaciones.

A diferencia de Marx, que llevó el problema de la distribución de la riqueza al campo político, Von Thünen lo conservó en el económico y, sin duda, otra habría sido la historia de los últimos ciento cincuenta años si sus ideas se hubieran llevado a la práctica. Su planteamiento, cuya principal consecuencia es el acrecentamiento de la productividad, requiere la consideración humana del trabajador y su integración real a la empresa, vista como obra común de inversionistas y trabajadores, en lugar de la oposición sistemática de intereses y la lucha de clases que, según el marxismo, deberían conducir fatalmente a la revolución.

La participación en la propiedad involucra al trabajador, hace que se sienta parte de la empresa. La sentíamos como una cuestión de justicia, pero con el tiempo nos dimos cuenta de que eran incalculables los beneficios y que es, en esencia, un estímulo magnífico para el ahorro.

La única manera de crear un patrimonio es el ahorro. Siempre se puede ahorrar. En el caso de mi familia, cuando nosotros nacimos mis padres pertenecían a la clase media pobre; sin embargo, mi madre nos comentaba que siempre se buscaba tener un ahorro, por pequeño que fuera. Siempre se puede cuando se quiere. La participación de utilidades ha resultado un instrumento de estímulo al ahorro impresionante.

Hace muchos años me pidieron un cambio en los títulos de acciones, que facilitara la firma de los mismos. Me en-

tregaron los paquetitos de los diferentes accionistas, y de repente encontré una cantidad considerable de acciones de un ingeniero —ya fallecido— del área electromecánica, quien siempre aprovechaba las ofertas de acciones y llevaba cuarenta años comprando sus accioncitas de Bimbo, baratas en aquella época. Con el tiempo fue muy importante la participación accionaria de este señor en la empresa.

En otra ocasión, al visitar la planta de Guadalajara, se me acercó un hornero a quien yo contraté treinta años atrás, cuando era un muchacho de sexto año de primaria. Me informó que se iba a jubilar. "¿Y cómo le ha ido?", le pregunté. Su respusta fue: "Pues mire, a mí muy bien. Todos mis hijos son profesionistas, tengo mi casita y, como usted sabe, soy accionista. Oiga, y por cierto, ¿cuándo se es mayoritario y cuándo minoritario?". Había ahorrado treinta años gracias a esa oportunidad de participación.

No cabe duda, lo importante es que la gente se siente parte de la organización. Se promueven la productividad y la paz social. Las personas se convencen de que van teniendo éxito en la vida, no se sienten explotadas.

Hay casos en que los trabajadores han tomado préstamos para comprar acciones de sus empresas. En otros, la compañía indemniza al trabajador por su antigüedad para que destine esos recursos a la inversión. Algunas promueven la venta de acciones, aprovechando la entrega de participación de utilidades o el aguinaldo anual, o cualquier ingreso adicional del trabajador.

A riesgo de sonar repetitivo, insisto en que la decisión del trabajador de arriesgar sus exiguos ahorros ocurre solamente como culminación de un ambiente de confianza y participación.

Muchas empresas facilitan este esfuerzo de ahorro por parte del trabajador, ya sea otorgando algún incentivo en cuanto al precio, o subsidiando el monto, o prestando con intereses reducidos. Sin embargo, eso no es esencial y la misma bondad del plan en sí hace que no se requieran actitudes paternalistas. No se nos escapará que todo este difícil y arduo proceso de ahorro para la inversión conlleva un fondo social de profunda trascendencia. Cualquier economista sabe que no hay progreso sin capitalización y que no hay capitalización sin ahorro. El ahorro es la base del bienestar y nuestros pueblos no se distinguen ni por su capacidad ni por su intención de ahorrar.

Estos mecanismos de participación permiten y fomentan el ahorro. Con los años se consigue la formación de un patrimonio, un mayor bienestar familiar en todos los órdenes: el económico, el cultural y el social, y se propicia la integración familiar. Podemos considerarlos la fórmula eficaz para salir del subdesarrollo. Si alguien dice por ahí que esto es verdad, pero que no es fácil, está en lo cierto. No es fácil, no se puede improvisar, pero puede y debe ser una meta si en verdad queremos una empresa con futuro.

Con lo dicho hasta ahora, espero aclarar que no hablo de la urgencia o la necesidad de implantar un plan de participación en la propiedad.

Lo que afirmo es que es urgente y necesario un liderazgo que permita la involucración de todo el personal. Que este proceso, para que sea auténtico, debe culminar con la posibilidad de una asociación total.

Algunos empresarios, al considerar un plan de este tipo, dudan respecto a qué tanto, qué porcentaje es el que se debe ofrecer. Este aspecto no debe ser motivo de preocupación. Desafortunadamente, siempre estamos hablando de porcentajes muy pequeños, debido a la mencionada dificultad para ahorrar.

Muchos empresarios quisieran obtener una mejor respuesta de sus trabajadores y disponer así de una fuente adicional de financiamiento.

Surgen dudas en relación con problemas de orden práctico, administrativo, psicológico, sindical, etc. La verdad es que cuando hay voluntad por ambos lados, siempre hay caminos y soluciones. En México y en el extranjero se presentan infinidad de casos prácticos de participación.

En nuestro país enfrentamos, además, un problema de orden legal. Nuestras leyes y reglamentos fiscales, a diferencia de las de otros países, aún no contemplan tratamientos especiales para el "accionariado obrero". En la actualidad, el miniaccionista está sujeto a los regímenes de retención de impuestos, de declaración anual y a otras complicaciones que le dificultan mucho ser propietario de capital. Tenemos confianza en que las innovaciones en esta materia puedan constituir decisiones trascendentales en la vida socioeconómica del país, lo cual, sin duda alguna, contribuirá a aumentar la productividad y la paz social.

A continuación se mencionan diversas empresas en las que destaca la participación de su personal:

- *Domino's Pizza*: en menos de ocho años se había colocado como la segunda compañía de pizzas más importante en Estados Unidos. Sus niveles de servicio son inauditos y está integrada por el más increíble grupo de jóvenes involucrados e ilusionados con su empresa.

- *Mervyn's*: empresa campeona de la organización Dayton Hudson, llegó a vender en una semana lo que a sus competidores les tomó trece. En una entrevista con empleados que han ingresado, provenientes de otras cadenas, invariablemente contestaban que haberlo hecho era como "morir e ir al cielo".

- *Giant Food* (Washington, D. C.): tiene, por mucho, el rendimiento por acción más alto entre las empresas de autoservicio que cotizan en la Bolsa.

- *S. A. S.*: arrancó en la crisis comprendida entre los años de 1981 y 1983 con una pérdida de diez millones de dólares. En 1999 obtuvo una utilidad de setenta millones de dólares.

- *Publix* (Florida): empresa de venta al menudeo, pionera de la participación en la propiedad por parte de todos sus trabajadores.

- *Milliken Co.*: empresa textil con ventas de dos mil millones de dólares; a partir de 1980 introdujo un agresivo programa de mejora de la calidad, apoyado en un amplio plan de participación del personal.

- Planta *Saturno* de General Motors: contempla el plan de participación más ambicioso en funcionamiento hasta hoy, conocido como el único recurso para competir ventajosamente con los automóviles japoneses pequeños. Los comentaristas llaman a este proyecto *"the boldest experiment ever in self-management"* (el experimento más atrevido en autoadministración). Los obreros de Saturno son asociados totales.

- *Lincoln Electric* (Cleveland, Ohio): empresa dedicada a producir equipos y material para soldadura, casi se está convirtiendo en monopolio porque no hay quien pueda competir con sus precios y su calidad. Sus trabajadores, todos socios, perciben en forma de bono anual cantidades que suman varias veces lo que obtienen por salario.

- *Hewlett Packard*, IBM, *Apple Computer, 3M, Campbell Soup, Tramell Crow, Worthington Industries, Marks & Spencer* y *Perdue Farms*, son otros ejemplos de estas industrias.

Participación institucional

En la participación institucional la representación oficial de los trabajadores, o sea los sindicatos, forma parte del directorio del consejo directivo de la empresa. Aquí la describimos, sin que ello implique que se trate de una recomendación para ponerla en práctica en México.

Mencionamos al inicio de este capítulo que, hoy por hoy, este aspecto de la participación no tiene relevancia ni aplicación en nuestro medio. La realidad es que no sabemos de alguien que lo haya adoptado; además, nuestro conocimiento del entorno y de la psicología social nos dicta que no es algo que, para nosotros, pudiese tener interés práctico. No obstante, es necesario extenderse sobre este aspecto, no sólo por curiosidad académica, sino porque es algo que se vislumbra en el horizonte y que entrevemos como una práctica lógica y natural cuando se ha avanzado suficientemente en los procesos de desarrollo humano, madurez y democracia sana. Visto así, es un ideal al que parece justo aspirar, aunque con sus limitaciones.

Hace años surgió la inquietud, por parte de un selecto grupo de empresarios regiomontanos, a través de la Unión Social de Empresarios Mexicanos de Monterrey, de conocer a fondo el concepto, saber bien a bien cómo opera la participación de la representación de los trabajadores en la alta dirección de las empresas en Alemania, entre ellas la Volkswagen. Con ese fin, comisionaron a un destacado profesional para que, de primera mano, estudiara esa operación. Se esperaba que a su regreso informara que esta disposición legal para las empresas de gran tamaño no operaba en realidad y que, si bien existían las obligaciones conjuntas de la dirección de las empresas y de los trabajadores, en la práctica, la verdadera dirección ocurriría en juntas privadas de los integrantes de la administración.

Para sorpresa de muchos, la realidad no fue así. La participación de los trabajadores en la dirección, planeación y operación de esas empresas es genuina y altamente positiva. Las decisiones son más apegadas a la vida real, más creativas y, desde luego, más expeditas. La representación obrera entiende que no puede haber separación entre los intereses de accionistas, funcionarios y obreros, y que, cuanto mejor opere la empresa, mejores resultados obtendrán ellos. Estas actitudes habían sido difíciles de comprender en un medio empresarial frío, en un ambiente sindical generalmente corrupto, dentro de un régimen de gobierno con resabios reivindicativos o presiones populistas y con una base trabajadora carente de la educación necesaria.

Dado que en nuestro medio aún estamos lejos de la madurez indispensable para aplicar este concepto, no podíamos pensar en ello.

Pero eso no debe impedir aspirar y trabajar hacia la construcción de esa sociedad más libre, justa y humana. Este ideal de verdadera participación dista de nuestra realidad porque todavía prevalece el mito de la lucha de clases.

Capítulo 7

UNA MISIÓN Y UN IDEAL

La columna vertebral de la empresa es su filosofía.

En el grupo Bimbo, nuestra misión es la guía de todas nuestras acciones. Perseguir su logro día con día y avanzar cotidianamente en el logro de nuestros propósitos constituye nuestra razón de ser como empresa.

Servir, nuestra razón de ser

A finales de los años setenta un gran amigo, Andrés Restrepo, reconocido empresario colombiano con influencia positiva en los aspectos de la responsabilidad social, nos impartió a los directivos de la empresa y luego a algunos ejecutivos, un seminario denominado "Foros de Empresa".

En él se nos invitaba a soñar con la empresa que queríamos hacer dentro de una visión humana. Nos invitaba a crear una empresa a la medida del hombre.

Nuestro anhelo de ser "Una empresa altamente productiva y plenamente humana" proviene prácticamente de los inicios de la empresa. Sin embargo, a lo largo de los años hemos buscado la manera práctica de institucionarlo. El seminario de Andrés Restrepo inspiró y reforzó muchas de nuestras inquietudes.

¡Cuán importante es que las empresas tengan un porqué más profundo para su labor!

Nuestra misión

Una empresa debe tener algo que la anime, que le inyecte vida, que le dé sentido, un propósito que valga la pena.

Ese propósito es, en cierto sentido, una ilusión que se persigue, un porqué, un para qué. A ese propósito le llamamos la Misión de nuestra empresa.

Desde el inicio, en Bimbo esa ilusión estaba resumida en las palabras "Creer-Crear", y se expresó de manera más amplia y a la vez concreta en nuestra primera publicación en los periódicos el 2 de diciembre de 1945:

> *Al iniciar hoy nuestras operaciones, queremos comunicar al público de México que nos hemos señalado como norma fabricar nuestros productos SIEMPRE DE EXCELENTE CALIDAD y, además, proporcionar a nuestros distribuidores y clientes, el servicio oportuno y eficiente que la Ciudad de México, ya una gran metrópoli, reclama cumplidamente.*

Ese propósito, esa "misión" inicial, era la razón de ser en torno a la cual se fue construyendo la empresa. Al establecerla, nos interesaba que el personal se identificara con su trabajo, con la empresa.

En muchas ocasiones esta identificación es buscada por las empresas de manera instrumentalista. Nosotros pensábamos desde el principio que esa misión era la que daría a las personas que formaban nuestra organización un motivo importante por el cual trabajar.

Ese motivo es, en el fondo, una consigna por servir bien.

En mis pláticas a los jefes, me gusta insistir en el sentido profundo del servicio: **"Quien no vive para servir, no sirve para vivir"**.

Una misión ha de llevar en su médula el sentido de servicio. Sólo así podrá aportar ilusión, a través de la cual se comprendan mejor los sacrificios que todo trabajo exige: levantarse temprano; visitar a los clientes superando las inclemencias del tiempo; cubrir turnos nocturnos; trabajar en domingos, y muchos otros.

La Misión es en realidad el elemento aglutinador de una empresa. Podemos decir que el alma de una organización es su gente.

Sin embargo, no nos referimos aquí a la cantidad de individuos que la forman, sino a la voluntad y a la pasión de cada persona por servir. Ello, realizado en conjunto, constituye el alma, el espíritu que anima a la empresa.

En los primeros diez años de Bimbo no se hizo una definición clara y por escrito de la misión propiamente dicha. Había inquietud personal de los directivos, acerca del respeto a las personas, el trato, la confianza, el afecto. Los conceptos estaban latentes, pero no identificados por escrito. A partir de 1962, al crearse el corporativo, empezó a ponerse por escrito: todas las normas, los procedimientos.

Lo primero que se escribió fue la filosofía de la empresa, la cual se plasmó en una frase: "Ser una empresa altamente productiva y plenamente humana". Y esa norma fundamental, desglosada y transformada en un cúmulo de disposiciones, se cambió a una misión mucho más completa hace unos años, al entrar la nueva dirección. Es el mismo concepto, ahora enriquecido.

En la actualidad la Misión de la Empresa se expresa así:

> *Elaborar y comercializar productos alimenticios, desarrollando el valor de nuestras marcas. Comprometiéndonos a ser una empresa:*
>
> ▶ *Altamente productiva y plenamente humana.*
> ▶ *Innovadora, competitiva y fuertemente orientada a la satisfacción de nuestros clientes y consumidores.*
> ▶ *Líder internacional en la industria de la panificación, con visión a largo plazo.*

Definitivamente, una recomendación fundamental —sin eso no camina nada— es que *la misión se estipule por escrito*. Que exista un código de ética, una filosofía de la empresa, una intención de cómo se quiere funcionar. Es la primera piedra del edificio que se va a construir. Aun en una forma de lo más sencilla, debe quedar por escrito qué es lo que la empresa quiere.

> *Son dos los aspectos básicos que hay que cubrir: el **económico** (utilidades, calidad, eficiencia, servicio de crecimiento) y el **humano** (social, de trato, remuneración, justicia, y de ahí responsabilidad social, aspectos políticos, aspectos ecológicos).*

Debe ser por escrito porque hay que difundirlo; de no ser así, no funciona. Que se haga vida, que se difunda. Creo que eso es la clave. Los jefes, las personas que desempeñan algún papel de liderazgo, en cualquier nivel, deben conocer, sentir, querer y convivir con estos valores. Si los jefes no entienden, no quieren o actúan sólo "de dientes para afuera", las cosas no marcharán bien. En Bimbo, cuando algún jefe no siente, no quiere, le pedimos que busque otra cosa qué hacer: "Aquí no te vas a realizar", le decimos. El jefe de cualquier nivel tiene que ser una persona que adopte la filosofía, que de alguna manera forme parte de ella, de la manera de pensar que predomina en la empresa, que adopte sus valores. Ése es el secreto del éxito.

En esta misión, el *servicio* concreto está expresado en la frase: "Elaborar y comercializar productos alimenticios". Sin embargo, en el compromiso expresado más adelante se encuentra con mayor claridad el sentido trascendente de dicho servicio, y el desafío por lograr una cohesión armónica de dos aspectos esenciales por lo general desligados en el mundo del trabajo: "Comprometiéndonos a ser una empresa altamente *productiva* y plenamente *humana*".

Si bien nuestra misión ha sufrido cambios de forma a lo largo de los años, su esencia habrá de perdurar.

El ideal

Relacionado con la Misión, se encuentra el sentido del Ideal.

Una de las mayores aportaciones que la empresa puede hacer a sus colaboradores es desarrollar un ambiente donde la persona pueda descubrir sus ideales y realizarlos.

Una persona sin ideales, sin ilusiones, está vitalmente enferma, podría decirse "sin alma", sin algo que la anime, que la mueva.

El ideal de una empresa se expresa en su misión. De la misma manera, cada persona debe tener un ideal, y la empresa es un campo muy favorable para la realización del mismo. Por una parte, porque es a través de ella que recibe una remuneración por su trabajo, para poder satisfacer sus necesidades y realizar sus anhelos. Por otra, porque la empresa puede ser un campo donde cada trabajador puede crecer mediante la solución de problemas y las relaciones con los demás.

Las medidas, los ideales que se persiguen en Bimbo los van constituyendo todos. Es indudable que las personas bien informadas e involucradas participan, piensan, aportan. He aquí un ejemplo. Hace unos veinte años, por razones de productividad y de higiene, decidimos automatizar la envoltura de algunos productos pequeños. Entonces producíamos diez millones de gansitos a la semana. Para la envoltura se requerían muchísimas personas, así que pensamos: "Esto tiene que mecanizarse". Viajamos a Suiza, Italia, Alemania y Estados Unidos y nunca encontramos el equipo que necesitábamos. Un buen día, un mecánico de Guadalajara hizo el proyecto, y conseguimos la automatización de las máquinas. Es impresionante ver cómo se alinean los productos, se acomodan, se forman, cómo se hace todo sin meter las manos.

Si estas personas no tuvieran el interés, la motivación, si sólo estuvieran mirando el reloj para irse, no tendríamos el espíritu, y como ése hay mil ejemplos: los chofres que cuidan sus camiones, que verifican que no se gasten los frenos, que no se desperdicie gasolina, porque tienen la concientización.

Ellos son la compañía. La calidad de todos los días, el servicio de todos los días, la atención al público de todos los días; todo eso son detalles que se van sumando. Y yo creo que sin una filosofía clara y realmente vivida —porque escrita es una cosa y vivida es otra— es muy difícil competir. Nuestras empresas salen adelante ante la competencia, y es por la enorme fuerza de su gente.

La empresa es un campo de aprendizaje donde la cultura que se vaya creando influye en quien la forma. En paralelo, cada persona, con sus acciones y actitudes, causa un efecto en la formación de la cultura de la empresa.

Formación de una cultura

Mis cuestionamientos respecto a qué atribuimos principalmente el crecimiento del grupo y cuáles son los rasgos principales de nuestra cultura me han llevado a buscar las verdaderas respuestas.

Encontré que son diez las prácticas que han formado la cultura del Grupo Bimbo; factores dominantes, casi obsesivos, que contribuyeron al éxito de nuestra organización. Más que desarrollar los conceptos en profundidad, explicaré la relación existente entre los programas mencionados a continuación y nuestra filosofía. Cada una de las prácticas descritas son programas que nuestro grupo ha realizado en diferentes tiempos.

1. *Selección rigurosa del personal*

    Desde el inicio de nuestra función como empresa hemos practicado la selección rigurosa de nuestro personal. Buscamos más actitud que conocimientos. De preferencia, los nuevos colaboradores deberán mantener unos principios y una filosofía que no se opongan a la nuestra. Si logramos contratar personas cuyos principios sean similares a los nuestros, rápidamente se adaptarán, se sentirán a gusto y se involucrarán con mayor facilidad.

    Si tenemos suficiente cuidado al contratar a un colaborador, ahorraremos mucho dinero, no habrá mala calidad en nuestros productos, aseguraremos un buen servicio al cliente y mantendremos la productividad.

    Parecen exagerados los logros de este sencillo punto; sin embargo, estamos convencidos, como ya mencioné, de que *la empresa será, al fin y al cabo, como sea su gente, y su gente como sean sus jefes.*

Por ello la selección de jefes reviste una importancia muy especial. Nos aseguramos de que posean la inteligencia necesaria, integridad, capacidad de liderazgo y de relacionarse bien con los demás; que sean trabajadores y entiendan que su responsabilidad implica tener un claro sentido de negocio. Un jefe no sólo debe saber hacer bien su función, debe obtener resultados.

2. *Crecimiento*

Crecer ha sido un concepto de primer orden en el Grupo. Desde su fundación hubo interés en extender la distribución, sacar nuevos productos, nuevas líneas y entrar también a negocios de integración, que, por exigencias de calidad, uniformidad u otras, hemos considerado convenientes.

Una característica importante es que nunca hemos dejado de crecer, ni en las épocas de crisis, ni ante la competencia agresiva. Nuestra norma es reinvertir la mayor parte de las utilidades y pagar un dividendo correcto, pero nuestro objetivo es proporcionar a la empresa todo lo que necesita para modernizarse, crecer y aprovechar las oportunidades.

Esta política, en la que creo firmemente, ha sido el motor del desarrollo, de la creación de empleo y del sano y robusto crecimiento de nuestra organización.

En plan de broma solemos decir que no vemos por el espejo retrovisor y que tenemos el acelerador hasta el piso.

3. *Calidad - Servicio - Frescura*

Mantener estos tres principios en los productos es nuestro principal compromiso con los consumidores. Buscamos que todos y cada uno de los productos que entregamos sean de calidad, se ofrezcan con un buen servicio y estén frescos. Los tres factores de esta práctica deberán estar siempre presentes para otorgar a nuestro consumidor el producto que desea. De nada serviría un producto de buena calidad si cuando le llega al consumidor no está fresco, o si se le ofrece con un mal servicio.

Las ventajas alcanzadas con esta práctica son innegables: hemos logrado estar en la mesa de los hogares mexicanos y de otros países por muchos años. Nuestros productos siempre han sido frescos. Para cumplir con este cometido analizamos en forma selectiva la producción, visitamos con precisa regularidad a nuestros clientes y recogemos los productos antes de que lleguen a su vencimiento.

4. *Capacitación y desarrollo*

Los esfuerzos por desarrollar a nuestro personal son prioritarios. Una de las prácticas más comunes es capacitarlos, entrenarlos y propiciar su constante desarrollo. El desarrollo nunca termina; cuando un trabajador domina las funciones relacionadas con su puesto, procuramos que aprenda más puestos laterales o superiores. Aplicamos constantemente el principio de subsidiaridad.

Aspiramos a que nuestros colaboradores crezcan en todos los aspectos. Para lograrlo, los jefes también tienen que atravesar por una actualización continua en la que aprenden la aplicación de los principios y la filosofía de participación. Un buen colaborador es mejor en la medida en que aprende y se desarrolla.

5. *Mercadeo*

Esta función siempre ha sido prioritaria para el Grupo. Desde su fundación se consideró necesario diseñar productos y presentaciones que fueran aceptados por el consumidor, cuidando sus tamaños, sus envases y sus precios.

Consideramos que la publicidad honesta y las promociones interesantes son vehículos excelentes para dar a conocer y estimular la venta de cada producto.

La organización ha sido muy cuidadosa en lo que se refiere a su publicidad y promoción:

- Nos aseguramos de que lo que se afirme sea verdad y en beneficio del consumidor.

- Insertamos nuestros comerciales y anuncios en programas limpios, evitando contribuir con nuestro patrocinio a la exhibición de programas con contenidos de violencia, desorden sexual, vulgaridad y aquellos que vulneran los valores de la familia.

- Buscamos una imagen limpia y familiar. Promovemos actividades familiares, donde se muestren nuestros principios; por ejemplo, apoyamos eventos deportivos y culturales.

▶ Nunca permitimos que nuestra marca apoye publicitariamente actos o programas de televisión que vayan en contra de nuestros principios y valores.

▶ Nos aseguramos de no invertir en ningún medio que induzca a la desintegración social.

6. *Distribución*

El objetivo del Grupo Bimbo ha sido llegar a todos los rincones donde tuviéramos establecidas rutas de reparto. A pesar de que existen lugares lejanos a las rutas que tenemos, sobre todo al inicio de operaciones en una nueva región, buscamos cubrirlas todas. No importa si perdemos al principio, sabemos que con el tiempo se convertirán en clientes rentables.

7. *Nuevos productos*

Es preocupación constante de la empresa investigar y desarrollar nuevos productos para que el consumidor tenga una mayor oferta y variedad.

Contamos con un laboratorio especializado, donde revisamos y probamos todos los nuevos productos antes de lanzarlos al mercado. Invertimos fuertemente en este renglón, pues los nuevos productos son la sangre de la empresa, los que la mantienen viva.

Antes de lanzar un producto a nuestros consumidores, hacemos pruebas de mercado entre ellos, con el fin de conocer sus gustos y asegurarnos de que será un producto deseado.

8. Honestidad, justicia y equidad

Con esta práctica, Bimbo refleja de manera directa la mayor parte de la riqueza de su filosofía. En nuestra organización pugnamos porque los colaboradores, jefes y directivos sean personas honestas.

Estamos convencidos del cáncer que representa la corrupción, por lo cual no otorgamos dádivas a cambio de lugares en las tiendas de autoservicio; tampoco sobornamos a los agentes de tránsito, ni pagamos por acelerar los trámites de permisos en agencias gubernamentales.

Procuramos ser justos y equitativos en todos nuestros tratos con: el sindicato; el gobierno; proveedores; accionistas; nuestros trabajadores y todos aquellos con quienes nos relacionamos.

9. Austeridad

Bimbo es una empresa rentable, mas no por eso despilfarra el dinero que gana. Siempre nos hemos regido por una política de austeridad. Austeridad no significa dejar de gastar dinero, sino gastar lo necesario, sin lujos ni ostentaciones.

No ahorramos dinero en la compra de maquinaria, equipo de transporte o sistemas de cómputo. Invertimos grandes sumas en todo lo vinculado con la mejora de nuestra calidad y productividad. Sin embargo, nuestras fábricas y nuestras oficinas son áreas de trabajo que disponen de lo necesario para trabajar bien, pero sin lujo.

Esta austeridad va de la mano del ahorro y pretendemos que nuestros colaboradores también lo consideren así.

Nosotros pensamos —y lo hemos comprobado con el paso del tiempo— que los lujos no son necesarios para lograr nuestros objetivos, pues cada peso que se gasta o invierte tiene que lograr su rentabilidad.

10. Apoyo a la comunidad

Desde su fundación, la empresa destina un porcentaje de sus utilidades a obras sociales, particularmente en aspectos relacionados con la educación y las necesidades del campo mexicano. Siendo un fuerte consumidor de productos agropecuarios —pues nuestros principales insumos son trigo, maíz, oleaginosas, azúcar, leche, huevo, cacao, fresa, piña, nuez, mantequilla y otros de menor consideración—, queremos contribuir en la medida de lo posible al desarrollo y la profesionalización de quienes se dedican a esta actividad primaria de gran trascendencia, y al mismo tiempo con tantas carencias y subdesarrollo. Nuestro apoyo fundamental en este aspecto ha sido a través de la Fundación Mexicana para el Desarrollo Rural.

El apoyo a las obras de educación no es necesario justificarlo. Estamos convencidos de que la formación de los niños y jóvenes es la mejor inversión que un país puede hacer.

Nuestros valores

A lo largo de nuestra historia hemos tratado este tema en diversas formas.

El objeto central de nuestros anhelos y preocupaciones son el cliente y el consumidor, el producto y las personas que forman la empresa.

Para desarrollar una cultura, como mencionábamos en páginas anteriores, es necesario no sólo buscar vivir algunos valores o costumbres, sino mencionar conscientemente y difundir lo que anhelamos. Es por ello que el lenguaje con el que se presentan los principios fundamentales de la empresa habrá de variar a través del tiempo con el fin de que dichos principios se hagan vivos para las nuevas generaciones.

- ¿Qué nos ha dado éxito?
- ¿Qué requerimos para el futuro?
- ¿Qué hemos de evitar?
- ¿En qué hemos de insistir?

Dado que quien hace la empresa es su gente, los valores que nos proponemos reafirmar deberán ser conocidos, deseados por cada uno de los miembros de la empresa, sobre todo de los jefes.

En fechas recientes, el Director General del Grupo, consideró conveniente realizar una renovación en la manera de presentar nuestros valores. Se hizo una presentación gráfica de ellos, en donde a cada uno de seis valores le corresponde uno de los tres colores primarios o de los tres secundarios, formando seis círculos como cadena en cuyo centro aparece, en color blanco, el valor Persona, principio que consideramos el inicio y fin de lo que hacemos.

Pasión

Rentabilidad

Trabajo en equipo

Persona

Efectividad   Calidad   Confianza

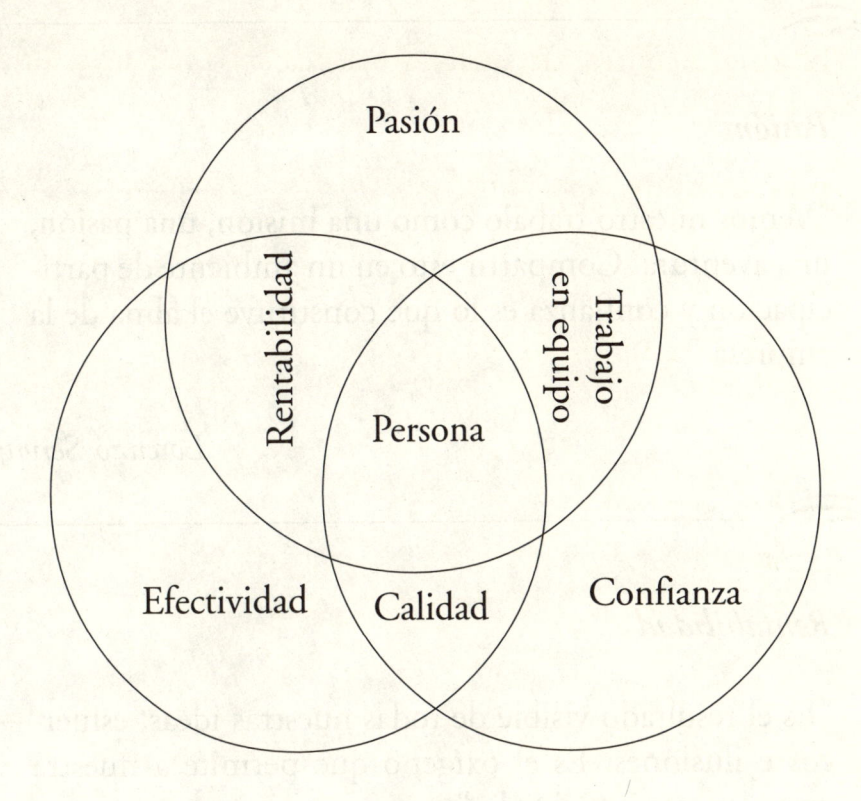

En lugar de dar una definición de cada valor, se nos pidió a quienes hemos sido Presidentes del Grupo que expresáramos alguna idea sobre uno de los valores.

De esta manera se expresa la continuidad y permanencia de los valores a través del tiempo, con diferentes formas de expresión y acción, pero con un fondo de principios sólidos de carácter universal.

A continuación presento las ideas externadas por dichos presidentes.

La primera es de mi hermano Lorenzo y la considero absolutamente motivadora e inspiradora.

Pasión

"Vemos nuestro trabajo como una misión, una pasión, una aventura. Compartir esto en un ambiente de participación y confianza es lo que constituye el alma de la empresa."

Lorenzo Servitje

Rentabilidad

"Es el resultado visible de todas nuestras ideas, esfuerzos e ilusiones. Es el oxígeno que permite a nuestra empresa seguir viviendo."

Daniel Servitje

Efectividad

"Lograr que las cosas sucedan: resultados. Servir bien es nuestra razón de ser."

Roberto Servitje

Trabajo en equipo

"Ágiles, activos, entusiastas, con los tenis puestos. Compartir, aprender de todos."

Daniel Servitje

Confianza

"Base sobre la que se construye todo. Contar con el otro para la tarea común."

Daniel Servitje

Calidad

"Nuestra empresa debe ser creadora, eficaz, eficiente, productiva y con un altísimo ideal de calidad y servicio."

Roberto Servitje

Persona

"Ver siempre al otro como persona, nunca como un instrumento."

Lorenzo Servitje

Nuestros propósitos

- *Hacer de nuestro negocio un negocio, ser productivos.* Alcanzar los niveles de rentabilidad establecidos.

- *Lograr un creciente volumen y participación de nuestras marcas.* Estar cerca de nuestros consumidores y clientes, quienes son nuestra razón de ser.

- *Buscar que nuestro personal se desarrolle y realice plenamente* (vivir nuestra filosofía); que esté orientado permanentemente a aprender.

- *Asegurar la operación en un adecuado ambiente de control* (información, sistemas y confianza), participación y autocontrol.

Nuestro Código de Ética. Antecedentes

A partir de la fundación de la empresa buscamos regir nuestra conducta por criterios de integridad y respeto a la persona, y ser muy firmes en no sucumbir a la tentación de adoptar costumbres "prácticas" que favorecen la corrupción y erosionan paulatinamente los valores de la empresa y la confianza.

Conforme se presentaban algunas situaciones críticas, establecimos normas y criterios concretos de actuación. Ahora que abarcamos varios países hemos elaborado un Código de Ética que rige todas nuestras operaciones.

Antes de presentar ejemplos de nuestro Código, comentaré algunos casos que considero tentaciones encontradas en el camino y respecto a las cuales actuamos en su oportunidad con claridad y firmeza.

Las tentaciones para salirnos de nuestros lineamientos han sido muchas y de diverso orden:

- Pago de impuestos.
- Sobornos en aduanas.
- Infracciones en carreteras.
- Relaciones con el sindicato.
- Retiro de personal sobrante.
- Mi jubilación como director general.
- Contratación y permanencia de directivos.

Sin embargo, tengo la profunda satisfacción no sólo de no haber cedido, sino de comprobar que en cada caso la decisión nos favoreció en gran medida.

Pago de impuestos

Hace muchos años, un colega nos indicó que nuestros pagos de impuestos eran muy altos y había muchas maneras de evadirlos o reducirlos. Nuestra decisión fue, y continúa siendo, cumplir puntualmente con nuestros compromisos. Esta decisión nos ha consolidado como una *institución seria y responsable*.

Sobornos en aduanas

En diversas ocasiones, en años anteriores, enfrentamos serios problemas en las aduanas al realizar importaciones de equipos, materiales o maquinaria. Nos decían que era necesario "ponerse a mano" para agilizar los trámites. No obstante las presiones, grandes retrasos y graves trastornos, nunca accedimos a hacerlo.

Siempre nos apegamos a la política de la empresa de no dar "mordidas" ni involucrarnos en situaciones que puedan calificarse como corrupción. Poco a poco, y ahora de manera total, hemos resuelto esa molesta situación.

Infracciones en carreteras

Lo mismo sucedió cuando empezamos a vender fuera de la Ciudad de México. En las carreteras detenían a nuestros camiones, inventándoles *pretendidas infracciones* para obtener alguna dádiva. Durante algún tiempo nuestros choferes solían regresar con boletas de infracciones, que al final peleábamos, negociábamos o incluso pagábamos; pero nunca se autorizó dar las dádivas solicitadas. Con el tiempo los miembros del cuerpo de policía correspondiente aprendieron que Bimbo no daba nada y dejaron de molestar.

No cabe duda, *portarse bien paga*. Si calculáramos los millones de viajes que se han realizado sin cubrir esas sucias cuotas, veríamos fácilmente que, además de cumplir con nuestros principios, hemos ahorrado mucho dinero.

Relaciones con el sindicato

Cuando empezamos a trabajar, descubrimos que en las relaciones con los sindicatos era una práctica generalizada "arreglarse" con los secretarios generales. En nuestra empresa, en cambio, se estableció una relación de trabajo en equipo, de manera que existiera transparencia y amplia participación del personal en la toma de decisiones contractuales. Esto ha dado como resultado sindicatos activos, honestos, que buscan, en conjunto con la empresa, el beneficio de todos. Ésta es una realización que nos enorgullece.

Retiro de personal sobrante

En dos importantes ocasiones, en parte provocadas por las "crisis" sexenales, se nos presentaron situaciones de exceso de personal. La primera vez se trataba de mil vendedores y la segunda de cinco mil trabajadores. La respuesta natural hubiera sido llevar a cabo los recortes de personal que parecían indispensables. Sin embargo, ante el dolor que tal medida causaría a nuestros compañeros y sus familias, y respondiendo a nuestro objetivo de hacer una empresa "plenamente humana", buscamos soluciones que nos permitieron no hacer reajustes masivos.

En el primer caso, aprovechamos la coyuntura para crear una nueva distribución que habíamos estudiado. Se aprovecharon los camiones y los vendedores para desarrollar la distribución de Tía Rosa, cambiando la rotulación de los vehículos y los uniformes de los vendedores. Así, este aparente problema se convirtió en una oportunidad.

En el segundo caso, como resultado de un profundo estudio de reingeniería que reveló un sobrante elevado de personas, nos vimos en la necesidad de tomar una serie de medidas que a fin de cuentas causaron cierto costo económico para la empresa, pero evitaron el grave costo social. En esa ocasión, el Consejo de Administración cuestionó cuándo íbamos a despedir al personal sobrante. Mi respuesta fue que no lo haríamos y presenté un plan que, entre otras medidas, proponía:

- *Revisar si existía algún personal "rechazable"*, es decir, personas que nunca debieron trabajar en la empresa y debían despedirse. Fueron muy pocas, unas cuarenta tal vez.

- *Prohibir de la manera más estricta la contratación de nuevo personal.* Cualquier necesidad inaplazable debía autorizarla el director general. Las vacantes que se presentaran se cubrirían con el personal sobrante, reentrenándolo, capacitándolo y manteniendo el mismo nivel de sueldo donde la vacante tuviera un sueldo menor.

- *Aprovechar al personal calificado sobrante*, directamente o por interpósita persona, para ampliar nuestra participación en el ámbito internacional. Siempre afirmamos que la limitante en los negocios es el personal. Las ideas, la tecnología y el financiamiento, los hay o se consiguen, en tanto que el personal preparado y con experiencia no abunda. En la situación narrada nos decidimos a incursionar de manera más amplia en el ámbito internacional.

Un "sobrante" de cinco mil personas es motivo de seria preocupación. Mi razonamiento fue que con la rotación de quince a dieciséis por ciento de una planta de cuarenta y cuatro mil trabajadores, en un año se resolvería la mayor parte del problema, absorbiendo, sí, un costo adicional, aunque manejable. Siempre aprecié el respaldo de mi Consejo para esa decisión.

Ahora, siete años después de ese incidente, en el Grupo hemos crecido en ventas, contamos con más de setenta mil trabajadores y con mejores estándares de productividad por persona. Hubiera sido un grave retroceso haber perdido personal entrenado y experimentado, además de que se habrían debilitado la moral y la confianza de todos los demás.

Mi jubilación como Director General

Otra tentación, que considero se manejó como es debido, fue mi propio retiro como Director General.

Yo había fijado el año de 1997 para dejar la dirección. Dos eran las razones principales: una, tener más tiempo para mi familia y mis planes personales; otra, de igual importancia, dejar a los más jóvenes la oportunidad de introducir en la empresa los cambios que se requieren en un mundo en rápida transformación y globalizado. Intuí que a nosotros, los más viejos que aparentemente sabíamos todo, nos resultaría difícil realizar los cambios y la modernización que eran indispensables.

La tentación consistió en que se me pidió que pospusiera esa decisión uno o dos años; pero, pensando en el bien de la empresa, no acepté.

Soy feliz con mi responsabilidad de Presidente del Consejo, pienso que puedo ser muy útil a la nueva generación con mis sugerencias y opiniones, y veo con alegría que mi decisión fue la acertada.

Contratación y permanencia de directivos

Algunas tentaciones a las que sí sucumbimos y por las que sí pagamos las consecuencias, se relacionan con la contratación de personal que *no* reunía todos los requisitos.

Recuerdo bien tres instancias en las que, debido a la urgencia de cubrir un puesto de importancia, se asignaron esas responsabilidades a personas que, si bien reunían ampliamente casi todos los requisitos —inteligencia, integridad, capacidad de trabajo, liderazgo y sentido comercial—, se adivinaba en ellos debilidad en un área: su capacidad de relacionarse bien con los demás, de "querer" a los demás.

Este tipo de errores no se reconocen en años, pero al final estas tres personas tuvieron que irse, dejando tras de sí una estela de problemas y resentimientos difíciles de corregir.

Nuestro Código de Ética actual

Los principios mencionados en la sección de "Nuestros valores" de este capítulo son fundamentos de nuestro Código de Ética, el cual debe ser conocido y vivido por todos los integrantes de la empresa, principalmente los jefes.

En él se manifiestan los compromisos que, como empresa, hemos de cumplir con los diferentes "públicos" con los que estamos en contacto.

A continuación se incluyen algunos extractos del Código:

Con los consumidores

"Nuestro mayor interés es garantizar la plena satisfacción de los consumidores. Por eso, nos esforzamos por hacerles llegar una amplia variedad de productos elaborados bajo las normas de calidad más estrictas, con las técnicas más modernas y con los mejores insumos, con el fin de brindar alimentos sanos, frescos, agradables en sabor y presentación."

Con los clientes

"Para Grupo Bimbo y sus colaboradores, los clientes son aliados estratégicos a los que apoyan en su crecimiento y desarrollo."

Con los accionistas y socios

"Nuestro compromiso como colaboradores de Grupo Bimbo es proteger y optimizar el valor de la inversión, principalmente a través de la utilización prudente y rentable de los recursos y la observación de las más altas normas de conducta ética y legal en todas nuestras prácticas de negocio y en todas las transacciones que realicemos."

Con los colaboradores

"En el Grupo Bimbo reconocemos el valor del ser humano como único e irrepetible. Nos comprometemos a garantizar que todo colaborador sea respetado en su dignidad y a facilitar el ambiente para que pueda encontrar en el Grupo un espacio adecuado para su desarrollo, tanto en el ámbito profesional como en el individual.

"Con el propósito de evitar que se presenten conflictos entre los intereses personales y los del Grupo, todos los colaboradores tienen la responsabilidad de declarar cualquier interés financiero o no financiero que pueda estar en conflicto con su función dentro de la empresa.

"Los colaboradores de Grupo Bimbo y sus familiares habrán de rechazar regalos, servicios, descuentos, viajes o entretenimientos brindados por quienes son proveedores."

Con las organizaciones laborales

"Para Grupo Bimbo es un compromiso fundamental respetar la independencia de las asociaciones laborales que existen en cada una de sus empresas y que representen los intereses legítimos de los trabajadores, buscando siempre que las relaciones sean de colaboración y mutuo beneficio."

Con los proveedores

"Grupo Bimbo y sus colaboradores buscamos obtener del proveedor únicamente los beneficios correspondientes a la misma negociación de que se trate, sin obtener ventajas adicionales a costa de la asignación de contratos por la adquisición de bienes y/o servicios. Buscaremos que la relación con nuestros proveedores sea siempre una relación de ganar-ganar."

Con la sociedad

"En Grupo Bimbo reconocemos que nuestra razón de ser es la sociedad en la que estamos inmersos, es a ella a quien nos debemos y para quien trabajamos. Por ello estamos gustosamente comprometidos y apoyamos con nuestro trabajo y actitudes cotidianas los principios y valores que dan sustento a nuestra sociedad en su conjunto, y en particular, a la comunidad en que vivimos.

"Nos comprometemos a que nuestras campañas de promoción y publicidad promuevan el fortalecimiento de los valores éticos universales, entendiendo por éstos la unidad familiar, la integridad física y emocional de las personas, el respeto a los derechos universales de los niños, el respeto a las personas con discapacidad, de la tercera edad o de cualquier etnia o condición social."

Con la competencia

"Grupo Bimbo y todos sus colaboradores estamos comprometidos a competir en el mercado de manera vigorosa y objetiva, basándonos en los méritos, ventajas y excelencia de nuestras marcas y servicios, y en prácticas de comercio leales."

En la operación cotidiana

Austeridad en los negocios

"En Grupo Bimbo estamos convencidos de que los negocios y la operación cotidiana deben llevarse a cabo en un contexto de sobriedad. Estamos comprometidos a realizar todos nuestros procesos de negocios bajo principios de austeridad."

Protección de los activos

"La custodia y preservación de los activos de Grupo Bimbo es responsabilidad de todos y cada uno de los integrantes de la empresa."

Cumplimiento de la legislación

"Grupo Bimbo, en todas las actividades que lleven a cabo funcionarios y colaboradores —independientemente de su naturaleza y alcances—, preservará íntegramente el espíritu y la forma de la legislación vigente en los países donde tiene negocios."

Compromiso de los jefes

El Código de Ética concluye con un compromiso previo a la firma de cada uno de los jefes:

> *Los colaboradores de Grupo Bimbo habremos de respetar y participar en aquellas costumbres locales que alientan conductas acordes con los principios y valores del Grupo.*
>
> *De ninguna manera participaremos —y sí buscaremos desalentar— aquellas prácticas de negocios y culturales que sean contrarias a éstas.*
>
> *El Código de Ética de Grupo Bimbo prevalecerá sobre las costumbres y prácticas de negocios locales cuando se entre en conflicto.*

Capítulo 8

UNA EMPRESA SERÁ LO QUE SEA SU PERSONAL Y ÉSTE LO QUE SEAN SUS JEFES

En Bimbo damos trabajo, no chamba

Cuando la empresa inició, arrancamos con diez vendedores, muy limpios, vestidos con uniforme, que incluía una gorrita y una corbata de moño; traían camiones impecables. En aquel tiempo, ninguno de nuestros competidores tenía personal uniformado, fuimos los primeros. A la fecha, continúan vistiendo uniforme y manejando camiones siempre limpios por dentro y por fuera.

Lo que distingue a Bimbo de otras empresas es que cuando una persona entra a trabajar con nosotros, tiene un trabajo, no una chamba. ¿Cuál es la diferencia?, se preguntará el lector. Pues sí, son dos cosas totalmente distintas. En la calle, en las oficinas, es posible comprobar dónde se rea-

liza un trabajo productivo y dónde sólo están "calentando el asiento". Yo acudo con frecuencia a oficinas de gobierno, y ahí puede apreciarse a mucha gente conversando y haciendo cosas inútiles.

Nosotros procuramos que nadie haga algo que no sea productivo, útil, rentable, insatisfactorio. Porque esas personas que sólo cubren las apariencias no pueden ser felices; es muy probable que en su interior se sientan frustradas. La diferencia es notable, tanto en productividad como en satisfacción, entre hacer un trabajo productivo y cubrir un puesto. En un clima propicio, motivador, el verdadero trabajo resulta benéfico para la empresa y para la persona.

En la Universidad de Harvard se han escrito un par de casos acerca del Grupo Bimbo. Cuando estos casos se resuelven en el programa ejecutivo de dicha universidad, es común que alguna persona de la empresa esté presente para atender dudas y hacer comentarios referentes a la solución del problema. Recuerdo que en una ocasión, al finalizar nuestra presentación y discusión, en sesión plenaria, un alumno se levantó y preguntó: "¿Por qué estos mexicanitos creen que pueden entrar al mercado estadounidense, que es el más competido del mundo?". Me disponía a responder cuando el decano de la universidad me pidió la oportunidad de contestar. Después de fundamentar la razón de negocios por la cual podíamos entrar al mercado estadounidense, comentó lo siguiente: "Ustedes (refiriéndose a los alumnos) piensan que los negocios son cuestión de dinero. Estos señores (hablando de nosotros) traen harina en las venas, aman su oficio y lo conocen desde hace cincuenta años; quieren a su gente, se preparan, conocen de pan, tortillas, harina, dulces, botanas...".

Finalmente, el tiempo ha contestado la pregunta.

En juegos y en la realidad

En 1969 tuve la oportunidad de cursar un programa para empresarios en la Universidad de Harvard. En una de las últimas materias, Dirección de Empresas, practicamos un juego de negocios. Para jugarlo se formaban equipos de varias personas y consistía en manejar una empresa ficticia, pero en donde se tomaban decisiones reales.

Una de estas decisiones, que marcó el rumbo de nuestra empresa ficticia y me dejó un recuerdo imborrable, fue cuando se nos planteó una situación en la que se presentaba un problema y bajaban las ventas. Rápidamente los estadounidenses sugirieron prescindir de varios "tipos". De inmediato yo me opuse junto con el compañero japonés y les dijimos: "En primer lugar no son 'tipos', son personas y no los vamos a correr". Luego de algunas discusiones con nuestro equipo, logramos convencerlos de dejar a los trabajadores.

Más adelante, el mercado se recuperó y nosotros ganamos el juego por encima de todos los demás equipos. Resulta que ellos sí despidieron gente; cuando el mercado se recuperó, tuvieron que contratar nuevo personal y capacitarlo, por lo que no estuvieron listos a tiempo, y nosotros tomamos ventaja.

Sé que era un juego, pero lo mismo nos ha sucedido en la realidad.

Desarrollo de la confianza de nuestro personal

Recuerdo que en cierta ocasión uno de nuestros maestros de producción comentaba a un grupo de obreros: "Cuando uno entra aquí, entra con miedo de que lo vayan a fregar no pagándole lo que le dicen, o haciéndole trampas.

Uno llega 'tamañito'; luego se crece y comienza a darse cuenta. Al ratito ya ve uno que de veras se nos respeta, se nos capacita y que existe no sólo la justicia sino la confianza y el afecto".

La importancia del trabajador puede abordarse desde diferentes aspectos.

Para el dirigente de una empresa, las relaciones con su personal son fundamentales; representan, sin duda, uno de los aspectos de mayor trascendencia social. A tal grado, que si se manejaran bien estas relaciones, se resolvería por sí solo el problema mundial, grave y preocupante, de los antagonismos entre los sistemas y las naciones.

Dentro del personal, los jefes juegan un papel decisivo. Se lo propongan o no, ellos no sólo modelan las actitudes y la manera de ser de la empresa en su conjunto sino que, a la larga, conformarán un tipo particular de empresa. En consecuencia, al hablar del personal, es imprescindible hablar de los jefes y de la filosofía que practica la empresa.

La empresa será lo que sean sus jefes y los jefes serán fruto de la vivencia de una filosofía empresarial.

Si aceptamos el principio de que son los jefes los que modelan al personal, podría decirse que el personal no es bueno ni es malo, sino que es el ambiente el que lo hace. Esto es un error. El personal, es decir, las personas en México, y quizás en general en todo el mundo, son intrínsecamente buenas, y responden en forma positiva o negativa ante los estímulos del entorno que les afecta.

Es cierto que el ambiente exterior, o sea el que prevalece en la sociedad en que se desenvuelven, tiene efecto en sus actitudes; sin embargo, dos empresas, una con una mística y otra sin ella, serán entidades muy distintas, aunque cuenten con personal del mismo entorno social.

Productividad	vs	*Ineficiencia*
Calidad	vs	*Mediocridad*
Orden y limpieza	vs	*Desorden y suciedad*
Eficiencia	vs	*Bajas y desperdicios*
Innovación y creatividad	vs	*Rutina y obsolescencia*
Cooperación	vs	*Resistencia pasiva*
Ambiente fraternal	vs	*Enfrentamiento*
Desarrollo humano	vs	*Enajenación*
Progreso	vs	*Frustración*
Confianza y afecto	vs	*Desconfianza y recelo*
Colaboración y progreso	vs	*Violencia sindical*
Solidaridad humana	vs	*Lucha de clases*

Un personal desmotivado, desinvolucrado, incluso ofendido, cuyas relaciones laborales son problemáticas, ¿cómo va a preocuparse de aspectos que en apariencia no tienen importancia? Un lugar donde puede observarse el ambiente de una empresa es el baño. Si es malo, los pintarrajean, los manchan; es su manera de desquitarse de la gente, del supervisor. La limpieza, cooperación, participación, entrega, creatividad, sólo se consiguen cuando la gente se abre.

El éxito de los japoneses, muchos de sus éxitos en calidad, creatividad y tecnología, están apoyados en la filosofía de involucración de las empresas japonesas. El trabajador japonés en verdad se considera parte de su empresa, está orgulloso de ella. Si la empresa es lastimada, de alguna manera él se siente lastimado.

Lo mismo sucede en otros países asiáticos. Por ejemplo, en Corea conversé con un señor que trabajaba en Korean Airlines. Cuando le pregunté sobre sus periodos de vacaciones me contestó: "No vacation. Company miss me. Hard work" (no vacaciones, la compañía me extraña, mucho trabajo). No tenían vacaciones, les habían rebajado el sueldo. Yo me dije: "¡Quiero ser director de Korean Airlines!". Sí, la gente está entregada a muerte; ése es el espíritu que uno quisiera estimular.

En un artículo de una revista, el autor, de origen japonés, quien trabaja en una empresa de reclutamiento de personal, declara: "Olvídese de otras cosas, el trabajador sólo funciona por el dinero, ésa es la motivación. Todo lo demás son tonterías". Pues está equivocado; es muy impor-

tante el dinero, pero no es la razón fundamental. El trabajo no sólo le deja a la gente dinero, no se trabaja sólo por él y pensar así implica limitar a la persona, aislarla en muchos aspectos.

La gente trabaja por muchos otros satisfactores. Ésa es la gran diferencia entre una empresa y otra. Yo lo he comprobado con nuestros setenta mil trabajadores.

Los lineamientos

Si se acepta lo antes expuesto, ¿cuáles serían los lineamientos que propician que el personal de la empresa actúe más en línea con los aspectos positivos que hemos listado?

El primero es, sin duda, que *la empresa cuente con una filosofía sana y con un código de ética empresarial* que cubra, entre otros, los aspectos descritos en el siguiente cuadro.

1. *Producir bienes y servicios que satisfagan necesidades de la sociedad.*
A todos nos gusta y nos enorgullece pertenecer a un grupo que sepa ganarse un prestigio.

2. *Profesar un absoluto respeto por las personas; todas las personas.*

El respeto a la dignidad de la persona tiene múltiples facetas, desde las más elementales hasta algunas más sutiles pero no menos relevantes. Una persona respetada no sólo respeta a su vez, sino que se encuentra ante una sólida plataforma desde la cual puede iniciar un desarrollo vigoroso.

3. *Aplicar la justicia sin excepciones, haciendo de ella una inalterable norma de vida.*

Deben conocerse las clases de justicia: la conmutativa, la distributiva y la social, y vivirlas en forma sistemática y natural. La justicia es la gran ordenadora de la vida comunitaria humana.

4. *Promover y propiciar el desarrollo personal.*

El anhelo de toda persona es progresar, lo cual no necesariamente significa *tener* más. Lo que verdaderamente cuenta es *ser* más... *ser* mejor.

La empresa, su ambiente y sus actitudes deben tender a la promoción de la persona: a tenerle confianza; a permitir que cometa errores y aprenda de ellos; que haga uso de su iniciativa; que no tenga temor de participar; que pueda aprovechar al máximo sus capacidades, amplias o limitadas.

Una filosofía empresarial que promueve el desarrollo, actuando subsidiariamente, es decir, interviniendo sólo cuando es indispensable y estimulando el crecimiento personal, se convierte en forjadora de hombres.

Las personas que descubren o comprueban sus potencialidades, son más productivas, más felices, más confiables.

Es sorprendente la ceguera o la torpeza de algunos empresarios que se quejan de las deficiencias de la fuerza de trabajo, sin considerar que lo milagroso sería que los trabajadores fueran eficientes en un ambiente que los descuida, los denigra y los enajena.

Muchos son los aspectos que deben cambiarse para transformarse en una empresa eficaz. Un aspecto de esta transformación, de condiciones menos humanas a más humanas, es la oportunidad de participar en un nivel más profundo.

Participar es sinónimo de *ser parte de*.

5. *Reconocer y revalorizar el valor del trabajo.*

El trabajo es, sin usar retóricas gastadas, el principal dignificador del hombre. No se concibe una sociedad que no reconozca el esfuerzo y la contribución de sus semejantes.

El trabajo es lo único que sostiene al hombre. Sin trabajo no existiría la vida humana. El trabajo no es, como torpemente se ha dicho, un castigo... no sólo ennoblece, sino que promueve y fortalece, enseña y acrisola. Sólo los enfermos y los muy ancianos no trabajan. No obstante, por desgracia tampoco trabajan los parásitos que, sintiéndose muy listos, medran a costa de los demás, sin aportar nada a una sociedad que los mantiene.

Es importante reconocer el valor y la dignidad del trabajo, independientemente de la trascendencia del mismo, ya que su valor no se mide sólo por lo que aporta, sino por el efecto que produce en quien lo realiza.

6. *Promover un clima de solidaridad, con énfasis en el ámbito interno, como prolongación de la relación humana que nos obliga como hijos de un mismo Creador.*
Es indispensable tener una clara conciencia de la necesidad de una relación solidaria a manera de rechazo al individualismo y al colectivismo. Una empresa que actúa cuidando los intereses de todos sus integrantes, tanto en circunstancias favorables como difíciles, es una empresa que inspira confianza y a la que se entrega uno sin reticencias.

7. *Asegurar que en toda actuación se promueva el bien común.*
Así como la sociedad, y aquí cito a Joseph Hoëfner, "no debe abandonar a sus miembros, sino que tiene que

cuidar de ellos, los miembros por su parte, tienen que estar dispuestos a subordinar sus intereses al bien común", es necesario que el bien común, que hasta hace poco solía limitarse al Estado, se universalice cada vez más y otorgue derechos y obligaciones que contemplen a todo el género humano *(Gaudium et Spes, 26)*.

Una empresa, con visión clara de sus responsabilidades sociales y de su misión de servicio, deja ese estrecho nicho que se identifica con el egoísmo y la mezquindad para elevarse a las dimensiones de una empresa que contribuye a la construcción de una sociedad más libre, justa y humana. Es un anhelo, consciente o inconsciente, de toda persona, pertenecer a un grupo humano que vive sencillamente estos altos valores en su vida diaria.

Otras características estimuladoras

A continuación analizaré otras características que estimulan el orgullo, la lealtad y el cariño de los trabajadores hacia la empresa. La aplicación y vivencia de los lineamientos que propongo para una filosofía empresarial, mencionados en capítulos anteriores, deben funcionar como una sólida plataforma de despegue para la construcción o transformación de una empresa plenamente humana.

Sin embargo, son necesarias otras actitudes que por razones de diversa índole hacen que todo este condicionamiento no sólo opere en forma satisfactoria, sino que se proyecte sinérgicamente, integrando una empresa ejemplar, armoniosa, dinámica y líder en su campo. Dichas actitudes se describen en el cuadro siguiente.

1. *Contar con una dinámica de crecimiento, innovación y progreso.*
   Es necesario inspirar una mística de trabajo, esfuerzo y lucha. No puede conformarse una empresa acomodada o burocrática. A nadie le interesan el estancamiento ni la obsolescencia. No es verdad que la gente quiera un trabajo fácil, que no implique reto y esfuerzo; se ha comprobado que, cuanto más exija una tarea de aquel que la realiza, mayores serán su motivación y su involucración.

2. *Tener un plan que implique mejoría creciente.*
   Conseguir paulatina, pero constantemente, aumentos en la calidad y en la productividad. Esta última es el ingrediente vital para el desarrollo y el progreso continuos. Un autor experto en el tema de la productividad ha mencionado que ésta es infinita; yo agregaría que su búsqueda es una actividad perenne.

Aunque sea brevemente, hay que decir que la productividad es el resultado de la implantación de un plan de calidad total, en el que se utilizan las herramientas necesarias, sobre todo el análisis estadístico y el aseguramiento de los procesos.

Es impresionante ver cómo el personal se entrega y se apasiona cuando comprueba que puede hacer más y mejor y, como consecuencia, puede crecer en los ámbitos económico y psicológico.

3. *Contar con un programa de capacitación.*
Un programa apoyado en sistemas bien depurados, que permita que cada quien sepa, pueda y quiera hacer bien lo que tiene que hacer. Tras la ineficiencia, los problemas, las descomposturas, los accidentes, la calidad variable y tantos otros males de la empresa, se esconden la incompetencia y el desconocimiento por parte de los trabajadores de lo que se espera de ellos. Obviamente, ellos no tienen la culpa de esta situación. Si los capacitamos a medias, operarán a medias.

La capacitación seria y completa, además de prevenir errores y costos innecesarios, y de ayudar a la calidad uniforme, despierta el orgullo profesional, la confianza y el aprecio a la empresa.

Muchos de los problemas del llamado Tercer Mundo obedecen al desprecio por la capacitación formal.

4. Asumir una actitud de austeridad.

Las empresas, más pronto o más tarde, atraviesan por crisis de diversa índole. Una organización cuidadosa, prudente y austera tiene una mayor garantía de lograr seguridad y mayores probabilidades de eficiencia. El lujo, el dispendio y las inversiones no razonadas pueden comprometer la rentabilidad y hasta la permanencia de la empresa. Los trabajadores perciben con claridad las señales que se mandan en ese sentido.

5. Tener una buena rentabilidad.

Ser una empresa altamente productiva, poseer recursos para:

- Remunerar bien a las partes.
- Pagar nuestros impuestos.
- Realizar investigación y desarrollo.
- Desarrollos, crecimiento y remodelaciones.
- Emergencias.

Esto presupone disponer, entre otras cosas, de:

- Políticas contables sanas.
- Sistemas de valuación de inventarios acordes con la economía.

- Revalorización de activos.
- Políticas de depreciación.
- Políticas de precios.
- Fondos de jubilación y de reserva.
- Financiamiento y apalancamientos razonables.

Una empresa que no se consolida económicamente o que vive en constante zozobra a este respecto puede debilitar la moral de los trabajadores.

Política de jefes

La política de jefes consiste, fundamentalmente, en elaborar con cuidado los perfiles que se requieren en los jefes, en todos los aspectos: laboral, técnico, profesional y personal. Su manera de pensar, su filosofía personal, deberán ser compatibles con la filosofía de la empresa. Si en las entrevistas iniciales con una persona nos damos cuenta de que sus valores no son los mismos, no se acercan o no pueden coincidir con los de la organización, así se lo hacemos saber.

Ofrecemos un seminario llamado *Curso de Superación Personal*, que dura tres días, muy intenso, muy bien estudiado psicológicamente, en el que se trata de cosas personales; nada de trabajo, se habla de la familia, de todo. Si al terminarlo la persona nos dice: "Está a todo dar, pero no creo, no siento lo mismo", lo ayudamos a que se vaya por otro lado.

La selección de jefes es muy rigurosa tanto en los aspectos profesionales, como en lo relativo a los valores. No hablo de religión ni de sectarismos, pero sí de una conciencia de valores; queremos lo mismo.

Un ejemplo de nuestros valores es el manejo de nuestra publicidad. Como ya mencionamos, somos sumamente exigentes con que sea blanca, que se coloque en medios publicitarios donde no se ofenda al público, no se ataquen los valores familiares, no haya violencia ni excesos sexuales. Si en mercadeo trabaja una persona a quien esto no le importa, algún día se suscitará un conflicto. Quienes trabajan en mercadeo, deben decidir, no sólo por cumplir las normas, sino por convicción: "No, no puedo entrar a patrocinar este programa".

LIDERAZGO

Líder es aquel que sueña, arriesga, innova. Es aquel que busca las situaciones: cuando no son suficientes para sus propósitos, las modifica y cuando no existen, las crea. El líder orienta, comunica, convence, entusiasma, ayuda a otros a identificar y a desear nuevos objetivos.

El *liderazgo*, tema ampliamente tratado y estudiado desde tiempos inmemoriales, adquiere en nuestra empresa un cariz especial. Sin líderes no podríamos lograr nuestro cometido. Lo medular en nuestra concepción del líder son los principios y la filosofía.

Para iniciar el análisis de este tema, conviene preguntarse qué sucede cuando no hay líderes en el ámbito mundial. La falta de un auténtico liderazgo es signo evidente, entre las muchas y complejas causas, de que los problemas comienzan a desbordar su capacidad para ser resueltos, o de que, en vez de disminuir, crecen y se agravan. La humanidad necesita forzosamente líderes que le ayuden, no sólo a alcanzar sus diversos objetivos sino, a menudo, a identificarlos y desearlos. Es triste reconocerlo, pero la mayor parte de los seres humanos transitan por la vida sin saber con precisión lo que quieren.

En su visionaria obra *La rebelión de las masas* Ortega y Gasset señala: "...La sociedad es siempre una unidad dinámica de dos factores, minorías y masas...". La diferencia entre ambas radica en que las minorías se caracterizan "por tener algún claro deseo o ideal", y en que las minorías "selectas" no las forma el petulante que se cree superior, sino el que se exige más que los demás.

Aceptando que existen minorías selectas, a quienes podríamos calificar de líderes actuales o potenciales, y mayorías más o menos conformes, el problema que hoy encaramos, a nivel mundial, es que escasea peligrosamente el número de líderes que puedan guiar al resto de la sociedad a su sano desarrollo.

Cuando los problemas nos desbordan, hay una causa indudable: la falta de liderazgo. Y hoy, en el mundo, los problemas nos están desbordando:

- Ecológicos de grave trascendencia.
- Energéticos.
- Inflacionarios que anulan las aspiraciones de progreso de las mayorías.
- Incomprensión entre las naciones y grupos étnicos.
- Violencia.
- Pérdida de valores y corrupción.
- Explosión demográfica.
- Desempleo y subempleo.
- Excesiva desigualdad en la distribución del ingreso.
- Extrema pobreza.
- Cinturones de miseria.

Este último problema nos afecta y nos compete a los empresarios. México es un país cuyo balance de productividad es pobre... somos ineficientes y tenemos enraizada una cultura de ineficiencia. Algunos pretenden culpar de ello a cuestiones ancestrales, pero la realidad es que los líderes, los que tomamos las decisiones, no hemos atinado a organizar el trabajo de manera eficaz.

Hay, entonces, un vacío de liderazgo... un cierto conformismo y un anhelo a ser como decía De Tocqueville: "una sociedad mansa y condicionada que espera que el gobierno le resuelva todos sus problemas. Sabemos que la riqueza de un país no se mide por sus riquezas naturales, sino por la productividad de su gente".

Se ha repetido que la humanidad está formada por dos grupos fundamentales: la minoría, que piensa y actúa; y la gran mayoría de la gente que nada más se deja llevar por los demás, es decir las masas. La palabra masa, usada en ese contexto, me desagrada porque es denigrante para la persona. Pero, en realidad, la humanidad está dividida en dos: los que saben lo que quieren y se dedican tenazmente a conseguirlo; y los que andan como si tuvieran los ojos vendados. Y el descubrimiento interesante es que la gente que sabe lo que quiere es la verdadera minoría.

Pero la productividad verdadera no se da espontáneamente, es fruto de una sociedad educada, trabajadora y organizada por líderes con visión, ambición, creatividad, integridad y una sólida conciencia social. Por eso este tema es tan trascendente y oportuno.

Si queremos iniciar un despegue hacia caminos que nos permitan avanzar del Tercer Mundo hacia los niveles de los países desarrollados, es requisito indispensable tener líderes idóneos, muchos líderes, grandes y pequeños, en todos los ámbitos:

- El gobierno.
- La docencia.
- La política.
- Los sindicatos.
- Las organizaciones intermedias.
- Las Iglesias.
- El medio empresarial, desde luego.

Nos urge contar, en todos esos entornos, con líderes fuertes, íntegros y emprendedores, dotados de una gran conciencia social.

Naturaleza del liderazgo

Siempre creí que el *liderazgo* es un don latente en nosotros desde el día en que se nace, y que muy a menudo se desarrolla como consecuencia de un ambiente o un entorno particular.

Ahora estoy seguro de que, en efecto, es posible desarrollarlo. En cierta medida, es una cualidad que adquieren quienes tienen una idea clara de sus anhelos, poseen tenacidad y constancia para trabajar en su búsqueda, y un ferviente deseo de realizarlos.

Por su parte, algunos expertos en esta materia, como John Kotler, profesor de la Universidad de Harvard, afirman que el liderazgo es una combinación de habilidades, todas *adquiribles*. Kotler insiste en que hoy más que nunca el mundo necesita de ese liderazgo.

Observa que la enorme mayoría de las empresas tienen exceso de administración y deficiencia de liderazgo; que prevalece una gran necesidad de cambio; que hacen falta personas que creen ese cambio y sobran las que sólo administran.

"Hacer lo que se hacía ayer y mejorarlo cinco por ciento ya no es una fórmula para el éxito."

John Kotter

Escuché personalmente a John Kotter en Harvard y en verdad cambió mi manera de pensar. Según yo, liderazgo era algo con lo que se nacía, que la persona ya tenía. Pero Kotler nos dijo un día: "No, no se nace con él, el liderazgo es algo que se puede adquirir y que muchas veces surge por razones históricas o por presiones del momento".

Nos puso el ejemplo del señor Harry Truman: le cayó en las manos la presidencia de Estados Unidos en plena Segunda Guerra Mundial y ordenó lanzar la bomba atómica. Y el señor no era ningún líder pero, llegado el momento, surgió como tal.

Peter Drucker, consultor respetado y admirado, afirma que la mayoría de los líderes que él ha conocido no nacieron líderes ni fueron hechos líderes, sino que ellos se hicieron, muchas veces empujados por las circunstancias.

Éste sería el caso de Harry Truman, o más recientemente, el de Lech Walesa. Sea como sea, son evidentes las necesidades y la urgencia de contar con más y mejores líderes en todos los ambientes de nuestro planeta.

Al hablar de liderazgo es esencial abordar los aspectos de jerarquía; igualdad y desigualdad, y la diferencia que existe entre ser jefes y ser *líderes*.

El zoólogo estadounidense Robert Ardrey sostiene:

> "En toda sociedad animal hay un sistema de dominación, un cierto orden de estatus en el que los individuos se ubican por rango. Cada uno sabe a quién debe temer y ante quién debe ceder, pero este animal líder, a cambio de sus privilegios, es el primero que tiene que enfrentarse a los enemigos, correr riesgos, luchar y, si es necesario, perecer en la lucha."

En la sociedad humana encontramos esta misma estructura. Es comprensible que cualquier sociedad de desiguales, para poder funcionar como sociedad, requiere y favorece este mecanismo de jerarquía.

El antropólogo francés Claude Levi-Strauss afirma que en cualquier grupo humano hay hombres diferentes de los demás, que sienten un fuerte llamado a la responsabilidad, y cuya principal remuneración es la carga de las responsabilidades sociales.

Se menciona, entonces, una sociedad de desiguales, en tanto que constantemente oímos hablar de una sociedad igualitaria. En el fondo de muchas de las tensiones y conflictos sociales, aparece la tendencia que persigue la igualdad, y la realidad que evidencia la desigualdad.

Parte de este grave problema proviene de que, por un lado, todos los hombres somos iguales, en esencia, porque tenemos la misma dignidad, origen y destino. Pero, al mismo tiempo, somos existencialmente diferentes, por múltiples y variados factores accidentales.

La pretensión de una sociedad igualitaria es antinatural e impráctica; lo único que han conseguido quienes han intentando implantarla es una sociedad con mayores diferencias. La razón es que los que la imponen de manera totalitaria son *más diferentes*, más poderosos y más privilegiados; presentan diferencias casi de caricatura, que sería muy difícil comparar con las sociedades verdaderamente democráticas.

Es necesario entender con claridad estos conceptos de igualdad y desigualdad, para que, por un lado, no mediaticen el ejercicio de un liderazgo legítimo y, por otro, evaluando las limitaciones y carencias de las mayorías, se caiga en la cuenta de que existe un deber de calidad y una responsabilidad por reducir la brecha de esas diferencias. El que más ha recibido en cualquiera de los órdenes, tiene sin duda mayor responsabilidad. El que tiene más, ya sea talento, educación o fortuna, debe dar más.

También es necesario distinguir entre jefatura y liderazgo. Todo grupo humano requiere un jefe. Etimológicamente, la palabra *jefe* quiere decir: "Que está a la cabeza" o, como dijera monseñor Tihamer Toth: "Que es cabeza, cabeza que ve, piensa y hace obrar, pero en beneficio del cuerpo entero".

Todo jefe, para poder realizar su función, necesita disponer de autoridad, es decir, la fuerza moral o física para hacerse obedecer. La legitimación de la autoridad descansa en que su finalidad es fundamentalmente de servicio: busca el bien de los subordinados y el de la sociedad en general.

Sin embargo, hay que distinguir entre el jefe que tiene el mando por imposición y por fuerza y aquel que lo tiene por la libre elección de sus colaboradores.

El primero es sólo un jefe que no durará mucho como tal, y el otro es el líder auténtico.

Si no hay líderes, la sociedad no funciona, es tropel. Si los líderes son malos, entonces la sociedad funciona mal. Si son corruptos, la sociedad se va corrompiendo. Pero si los líderes son sanos, con verdadera conciencia de servicio, si son fuertes y competentes, la sociedad será sana y progresista, trabajará en paz y armonía.

Por consiguiente, el líder, el liderazgo, es imprescindible en cualquier grupo humano. La anarquía no funciona y nuestros anhelos profundos de libertad deben someterse a las necesidades del orden, porque si no, esa pretendida libertad se transforma en caos.

No obstante, es necesario reconocer que estos conceptos de jefatura, liderazgo, autoridad, orden y demás, pueden ser —y de hecho son— peligrosos cuando se abusa o se pervierte su aplicación:

- El abuso de la autoridad se convierte en tiranía.
- El exceso de liderazgo enajena a las personas.
- El exceso de orden puede desembocar en fascismo.
- El exceso de libertad puede desembocar en anarquía.

A manera de resumen, el liderazgo:

- Es indispensable.
- Debe ser sano y estar al servicio de los grandes valores.
- Debe estar impregnado de una conciencia de servicio.
- Debe respetar la libertad personal.
- Debe ser subsidiario.

Características del líder

Explicadas la naturaleza y la necesidad del liderazgo, repasemos ahora cuáles deben ser las características y cualidades del líder. Si tratáramos de hacer una lista exhaustiva de las características óptimas deseables en un líder, sería muy larga y aun así correríamos el riesgo de olvidar alguna. Sin embargo, considero que vale la pena hacer un esfuerzo por listar las principales y ponerlas de alguna manera en orden de importancia:

- *Amor a sus semejantes.* Esta característica parecería ser suficiente, pero vale la pena precisar más.
- *Integridad.* Aquí se incluiría una sólida base de valores morales.
- *Tenacidad.* Acompañada de vitalidad, responsabilidad y trabajo efectivo.
- *Deseo de logro.* Anhelos de realización, sueños y esperanzas, reflexión, pensamiento fundamental.

- *Responsabilidad social.* Conocimiento de los principios sociales y su aplicación.
- *Capacidad de comunicación.*
- *Prudencia.*
- *Humildad.*
- *Fortaleza.*

La lista podría extenderse y por lo mismo sería un tanto utópica. Si bien es imposible encontrar a un ser humano con esta serie de atributos, es necesario conocer cuáles son para promoverlos y aquilatarlos.

En el proceso de detección de líderes, la experiencia me ha enseñado que las cualidades básicas que deben existir en un nivel alto en los líderes, so pena de que ese liderazgo no sea el más adecuado son las que veremos a continuación.

Requisitos de un líder

En el Grupo Bimbo un jefe-líder debe reunir, en alto grado, los siguientes ocho requisitos básicos.

1. Integridad

Lo más importante es que sea una persona íntegra, que respete sus valores; que sea honesto; que su vida familiar sea apropiada; que no diga mentiras.

2. Inteligencia

Buscamos en él un nivel de inteligencia adecuado al trabajo que va a desempeñar, quizá con un potencial mayor. Inteligencia que le permita entender cuestiones abstractas, planear, organizarse, ser prudente. Desde luego, no se requiere el mismo nivel para un subdirector que para un supervisor de producción.

3. Capacidad y espíritu de trabajo

Buscamos que sea una persona con espíritu de trabajo; que no sea flojo ni pasivo; que demuestre fuerza; que no le tema al trabajo; que sea un modelo a ese respecto. Un jefe tiene que poner el ejemplo.

4. Capacidad de relacionarse con los demás

A esta característica le denominamos también "sentido humano". Deberá mostrar capacidad de relacionarse con los demás. No queremos que sea un "erizo", mucho menos que sea una persona conflictiva. Muchos jefes fallan porque quieren mandar demasiado, pretenden dar órdenes a gritos o no saben manejar a sus trabajadores.

5. Liderazgo

Debe tener capacidad de liderazgo. Creíamos que con las cuatro anteriores ya se podía liderear, pero con el tiempo vimos que el liderazgo es algo más complejo. En Grupo Bimbo, el jefe necesita contar con la capacidad de que los demás lo sigan; de atraer, motivar y conseguir que quieran hacer las cosas.

6. Conciencia de la rentabilidad

Deberá estar consciente del negocio, de la rentabilidad, entender que todas sus decisiones deben tomarse en función de un resultado económico en cierto plazo. A lo mejor lo que se pretende está muy bien, pero no es rentable.

7. Enfoque a resultados

Este requisito está ligado con la característica anterior. Enfocarse en obtener resultados. Conseguir lo que se busca. Tener sensibilidad para diferenciar entre lo que agrega valor y lo que es sólo funcionalismo.

8. Apertura al cambio

Esta característica la agregamos recientemente. En un mundo empresarial global, acelerado, la dinámica de cambio llegó para quedarse. Es necesario que los jefes y el personal estén dispuestos a ver las cosas de modo diferente, a romper paradigmas.

Requerimos que los jefes estén preparados para enfrentar los cambios, como solemos decir "con los tenis puestos".

Ésas son las ocho cualidades. Después de la selección rigurosa se realiza un proceso de capacitación, de motivación constante, para que esa jefatura sea excelente. Si los jefes no son buenos, todo lo demás sale sobrando.

Contrariamente a lo que algunos piensan, nosotros estamos convencidos de que no se puede separar la vida personal de la vida del trabajo. La persona es una, y no es lógico pensar que quien es mentiroso o deshonesto en lo personal, no lo será en el trabajo. Las empresas que pretenden cerrar los ojos a esta realidad evidente, pronto comienzan a pagar el precio. Precio que puede ser barato si se separa a la persona de su cargo; o muy caro, si se le conserva, con lo cual la organización estaría desviándose de su mística empresarial de atraer a los mejores.

Cada vez que hemos transigido en el nivel de estas características, hemos recogido un fracaso, a veces en poco tiempo, en ocasiones al cabo de algunos años, pero sin lugar a dudas el problema se presenta. De ahí lo delicado del liderazgo, y la responsabilidad que se deriva para los que eligen y para los que lo ejercen.

A la luz de estas reflexiones, muchos nos preguntamos: ¿por qué si el asunto es tan serio los pueblos eligen y aceptan líderes mediocres?

La respuesta, a mi juicio, está en aquello que decíamos de Ortega y Gasset sobre el quietismo social, ese fenómeno humano de no reaccionar hasta que las cosas se tornan verdaderamente graves. A menudo la humanidad, deslumbrada por la fastuosidad, la pompa y las promesas, aplaude a los pillos que la explotan y la empobrecen.

Los mexicanos hemos sido un pueblo plagado de corruptelas, influyentismo, credencialismo, ineficiencia y burocratismo, características y costumbres que no sólo hemos permitido, sino que hemos vitoreado y aplaudido. Por fortuna, la situación está cambiando, pero los mayores y los jóvenes debemos también responsabilizarnos de que nuestros líderes sean los mejores.

Por eso, con vehemencia afirmo que un sano liderazgo es vital... que debemos estar en alerta en cualquier área en la que actuemos, para elegir, para nombrar, para aceptar, para apoyar solamente a los líderes que de verdad llenen los requisitos... Y para oponernos con todas nuestras fuerzas y posibilidades a que los puestos sean ocupados por gente indeseable.

Capítulo 9

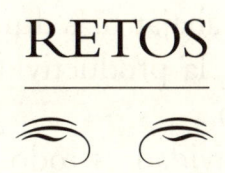

RETOS

En este capítulo hablaré de los retos que Bimbo enfrenta. Son retos que hemos tenido durante muchos años y, si bien superándolos hemos ganado muchas batallas, al fin y al cabo representan una guerra que nunca se gana por completo. Día con día crece la necesidad de operar con mayor eficacia. La *calidad*, la *productividad* y la *globalización* son historias que no han terminado. Justo cuando creemos que acaban, inicia un nuevo capítulo.

La calidad exige una evolución constante: se desarrollan nuevos equipos, se introducen materiales nuevos, se utilizan materias primas más nutritivas.

En el Grupo siempre hemos logrado mejorar la productividad: en equipo, personal, rutas de reparto, ventas y comunicación, entre otros aspectos.

Pero la búsqueda es interminable.

Productividad

Según un autor, la productividad es infinita... es el hombre, con su inteligencia y voluntad, quien va buscando y encontrando maneras de hacer las cosas a un menor costo.

Algunos piensan que la productividad implica trabajar más; otros, que se trata de trabajar más duro o más aprisa. En resumen, consideran que la productividad es un proceso que requiere mayor esfuerzo.

Pero no, la productividad es todo lo contrario: significa conseguir **lo mismo con menos esfuerzo**, con menos desperdicio, con menos costo. O bien, conseguir más con el mismo esfuerzo o el mismo costo.

Productividad es trabajar con **más inteligencia, no con más intensidad**.

La productividad se encuentra cuando nos planteamos preguntas como las siguientes:

- *¿Es necesario todo lo que hacemos?*
- *¿Se puede hacer de otra manera más sencilla?*
- *¿Se pueden eliminar tiempos perdidos?*
- *¿En verdad es necesario tanto desperdicio?*
- *¿Cómo puedo ahorrar tiempo, material, energía?*
- *¿Se puede mecanizar algún proceso manual?*

La productividad es el factor más importante que contribuye al mejoramiento del nivel de vida. La aportación de productividad que cada uno de nosotros haga puede ayudar a muchos, quizá durante varias generaciones.

El "aparente" trabajo

Es importante diferenciar entre los diversos tipos de "trabajo":

- El trabajo **productivo** es el que realizan las personas que contribuyen a crear riqueza, por ejemplo, un agricultor, un minero, un obrero, un tendero, etcétera.

- Existe otro sector, que si bien no produce tan directamente como el sector primario, ofrece **servicios** indispensables para que lo demás funcione; es el caso de los médicos, los contadores, los administradores, los maestros, los supervisores.

- Un tercer grupo es el de los que no generan riqueza, ni sus servicios son esenciales para el proceso productivo. Sin embargo, su **aportación** a la sociedad puede ser valiosa y de hecho necesaria para enriquecer otros valores; es el caso de los músicos, los artistas, los deportistas, los sacerdotes y todos los que realizan actividades relacionadas con lo espiritual.

- Pero, por desgracia, también hay otro sector, y muy numeroso en México, que no produce nada, que no proporciona ningún servicio, que no aporta a la sociedad y, sin embargo, parece que trabaja. Es el sector de los "**aviadores**", los que se limitan a firmar, los recomendados y protegidos, los pseudointelectuales, los estudiantes "fósiles", los "coyotes", los extorsionadores y los ladrones. Este grupo de parásitos es el que hace que nuestra economía y nuestra sociedad estén disminuidas. Son muchos los que se aprovechan del esfuerzo de los demás y no producen nada. Debemos ver con extrañeza y hasta con desprecio a quienes se cobijan bajo un manto de trabajo aparente, pero que en realidad no aportan al duro esfuerzo nacional.

Una productividad razonable

¿Por qué insistir en el tema de la productividad? Sencillamente porque todavía estamos lejos de alcanzar una productividad razonable.

Podríamos decir que productividad equivale a la cantidad y la calidad de resultados que produce un trabajo.

La remuneración a ese trabajo está o debiera estar en función directa a la productividad. Si se produce poco, la remuneración no puede ser alta. Éste es precisamente el problema de los países en vías de desarrollo.

Por eso instamos a trabajar con mayor productividad, por eso no debemos tener puestos de trabajo que no produzcan o produzcan muy poco... hay que conseguir que cada puesto sea más productivo y pueda ser mejor remunerado. Juntos debemos encontrar maneras de hacer las cosas con mayor productividad.

Productividad y austeridad

En la situación que vive actualmente nuestro país, más que en otros tiempos, productividad y austeridad son sin duda los conceptos que deben inspirar la norma de vida de todos los mexicanos. Cada uno debe producir más, trabajando mejor, ingeniándoselas más, arriesgando mucho y organizándose con inteligencia. México necesita del mejor esfuerzo de todos sus hombres.

También, y es requisito indispensable, necesitamos austeridad en el gasto. El gobierno, las instituciones, las empresas, los grupos y las familias deben privarse de lo no necesario y evitar a toda costa el despilfarro y el desperdicio. Como individuos, la prudencia nos aconseja ahorrar para evitar problemas futuros, y después, si hay sobrantes, invertir sanamente.

Estamos ante una disyuntiva histórica: o hacemos algo cada uno de nosotros hoy, o en un mañana cercano seremos testigos de nuestro fracaso y nuestra desilusión.

La productividad, el motor de la vida moderna

En efecto, la productividad es el motor de la vida moderna. Si los procesos productivos se congelaran en su estado actual, el mundo entero enfrentaría una crisis de consecuencias inimaginables. Considero importante mantener el ritmo de progreso que esperan las nuevas generaciones, con el aumento respectivo de la productividad.

La experiencia nos va demostrando que las mismas cosas se pueden hacer cada vez con menor esfuerzo, con menores recursos y en menos tiempo, es decir, **con mayor productividad**. O, expresado de otro modo: **se puede hacer más con los mismos recursos o con menos.**

El empresario, de cualquier nivel, debe tener una inquietud constante y la vocación irrevocable de obtener constantemente mayor productividad. No se puede conformar, como sucedió durante varios siglos, con hacer las cosas como se acostumbraba.

La riqueza de un país no se valúa por sus recursos naturales, sino por la productividad de su gente.

La productividad personal se mide por el valor agregado que finalmente se obtiene y, aunque es innegable que esta productividad depende en gran parte del uso adecuado de bienes de capital, se requiere del análisis cuidadoso y profesional de cada función, para conseguir que cada persona trabaje, no más intensa, sino más inteligentemente.

Este trabajo de análisis, de adecuación y reordenamiento, sólo se logrará si los directivos de más alto nivel toman la decisión de realizarlo, y si esta decisión se apoya y se pone en marcha.

Evidentemente, este logro de productividad debe permitir una mejor remuneración del trabajador, iniciándose así un círculo virtuoso: mayor productividad - mayor remuneración - mayor capacidad de compra - crecimiento y desarrollo. Gran parte del valor del Tratado de Libre Comercio de México con Estados Unidos y Canadá estriba en este concepto.

Nuestro subdesarrollo se mantiene por el poco poder adquisitivo de la gente, lo cual obedece a su poca productividad, que a su vez resulta de que se les ha organizado pobremente su trabajo.

Así pues, me refiero aquí a la necesidad de que cada persona que desempeña un trabajo, cualquiera que éste sea, lo haga con eficiencia y eficacia, utilizando lo más posible los equipos que le permitan maximizar su productividad.

Lo que es en verdad trágico, es que al problema explicable de la imposibilidad de las sociedades pobres de proporcionar equipos o bienes de capital costosos a los trabajadores, se aúna el de falta de sistemas, y, sobre todo, de la falta de una actitud que busque y obtenga la productividad personal.

Esto es lo que puede calificarse como cultura del subdesarrollo. Cultura que prevalece en los países del Tercer Mundo, donde el trabajo personal es en general poco productivo; donde la falta de planeación se suple con más mano de obra; donde se forma otro círculo vicioso: se paga poco porque se es ineficiente y se es ineficiente porque se paga poco.

Tal situación corresponde a esa popular pero terrible frase: "Uno hace como que le paga y el otro hace como que trabaja".

En mis ya largos años de actividad empresarial, he llegado a la convicción de que la responsabilidad de lo bueno y lo malo, de lo que se hace o se deja de hacer, del crecimiento, del cambio tecnológico, o del estancamiento y la obsolescencia, es del empresario, es decir, de la cabeza que marca el rumbo, de quien toma las decisiones finales y asume el riesgo.

En su maravilloso libro *Un nuevo espíritu empresario*, Lawrence M. Miller plantea que ningún cambio que valga la pena puede realizarse sin el liderazgo enérgico y tesonero de un funcionario fuerte del más alto nivel.

El dirigente empresarial tiene que *entender* esta necesidad de que el trabajo esté organizado de manera altamente productiva; eso no lo puede decidir el trabajador, es una responsabilidad social para el dirigente… Él decidirá respecto a la eficacia del puesto y su remuneración; la competitividad de la empresa; la competitividad del país y, a la postre, el nivel de vida de la población.

Productividad personal

Otro aspecto importante de la productividad es la productividad personal. Hace poco leí una frase que completa este pensamiento:

"**La verdadera riqueza de las naciones la constituyen sus hombres, cuando a éstos se les ha enseñado a luchar por la vida, a trabajar y a producir.**"

Desde luego, es necesario proporcionarles los recursos materiales para hacerlo. Porque el que transporta leña necesita un trailer, y cada uno cuesta cientos de miles de dólares. Los recursos económicos son esenciales para la productividad.

Pero en México, además de no tener los recursos, tampoco hay la mentalidad. El dirigente es quien necesita decir que no se necesitan seis personas para repartir hielo; pueden ser dos, con sistemas, métodos, herramientas, motivación y mejor remuneración (así ganarán más y podrán gastar dinero que generará empleos para otras personas). Si no se hace así, lo único que se logra es aumentar la miseria.

Por ejemplo, hace años, en la sesión de preguntas después de una conferencia, alguien saltó: "Oiga, lo que usted dice es inmoral, porque si para que haya productividad hay que sustituir con máquinas a las personas, ¿qué van a hacer después de que las deje sin empleo?". Le contesté: "Lo que se está diciendo aquí no es que se le quite el trabajo a la persona. La propuesta es que haga un trabajo más productivo. Si yo, en vez de trabajar con diez o veinte arrieros y diez burros, lo hago con un trailero y un camión, se le está dando trabajo a quien diseña ese camión, a quien lo fabrica, a quien le da mantenimiento. Y esas personas ganan más que los que arrean los burros. Entonces, si yo le doy trabajo al que diseña, al que construye, al que mantiene, al que produce la gasolina, al que hace las llantas, creo que estoy generando un empleo mejor remunerado a muchas personas".

Es innegable que esta productividad depende, como decíamos, en gran parte del uso adecuado de bienes de capital. Pero, independientemente de que deberemos hacer el máximo esfuerzo para tecnificarnos y modernizar los equipos, así como para proporcionar a los trabajadores los medios de producción y trabajo que les permitan ser más eficientes, tenemos que tomar conciencia de que, aun sin la adición de bienes de capital, hay enormes posibilidades de que el trabajo personal sea más productivo.

Hace años, se veían camiones que andaban por las calles repartiendo hielo con cinco o seis jovencitos colgados. ¿Cuánto podían ganar éstos? Si se considera el precio del hielo, el salario del chofer, el costo del camión y de los acompañantes, vemos que no había productividad, se estaban haciendo tontos.

Otro ejemplo: en las gasolinerías de México, aunque cada día se ve menos, hace años llegaba uno y había ocho o diez personas luchando por atenderlo. En cambio, en Francia, Alemania, Estados Unidos o Canadá, uno mismo se despacha la gasolina. Entonces, ¿cuál es la productividad de esos despachadores? Ninguna. El que cobra en las gasolinerías de Francia o Estados Unidos, donde los autos llegan y solos cargan y pagan, goza la oportunidad de producir más. Si comparamos a un leñador con un burro cargado de leña o a un trailero con un camión cargado de leña, la productividad cambia drásticamente. Si no hay productividad no puede haber riqueza ni, obviamente, distribución de la riqueza. Todo es miseria. La productividad es lo único que permite el desarrollo, el crecimiento, la educación, el progreso del país. De ahí la importancia de que toda persona esté consciente de la necesidad de ser productiva.

Una comisión del M. I. T. (Instituto Tecnológico de Massachussets), formada a fines de los ochenta para averiguar la productividad industrial de Estados Unidos, afirma en sus conclusiones: "que la industria norteamericana muestra signos preocupantes de debilidad y en muchos sectores de la economía; que las firmas norteamericanas están perdiendo terreno ante sus competidores de ultramar… que estos trastornos no son altibajos de un proceso normal, sino síntomas de una enfermedad generalizada".

Informa también que **esta situación no se corregirá haciendo mayores y mejores esfuerzos con las mismas tácticas que en el pasado reciente, que el entorno internacional ha cambiado irremisiblemente y Estados Unidos debe adaptar sus prácticas a este nuevo mundo**. Si eso le sucede al país que ha sido líder del Primer Mundo, ¿qué nos espera a los menos desarrollados?

Ahora bien, en el aspecto de la productividad juega un papel importante la conciencia de optimizar los recursos y la habilidad de organizarlos eficaz y eficientemente.

Como ya vimos, **este trabajo de análisis, adecuación y reordenamiento, sólo se realizará si el más alto nivel directivo ha tomado la decisión de que se haga, y si esta decisión se apoya y se pone en práctica.**

Es evidente que una sociedad rica puede proporcionar a sus trabajadores equipos y facilidades que les permitan ser altamente productivos.

Cuando se obtienen ambas cosas: alta inversión por individuo más la mentalidad y organización para la productividad, la eficiencia que se obtiene es impresionante e imposible de ser alcanzada de otra manera.

Al enunciar o escuchar aseveraciones de que "la elevación de la productividad en toda actividad económica es condición indispensable para lograr aumentos reales de salarios y fortalecer la economía de la nación", todos estamos de acuerdo. Pero la realidad es que "la cultura" en que vivimos nos arrastra a seguir operando con niveles de ineficiencia y, como consecuencia, con salarios apenas suficientes para mal subsistir.

Lo que aquí interesa es tomar conciencia de que este cambio cultural es indispensable porque no tiene sustituto, y es urgente porque las demandas sociales y las justas aspiraciones a una vida digna no pueden esperar mucho más.

El cambio cultural solamente lo pueden inducir los dirigentes sociales vinculados con la esfera productiva. ¿Cuál será la proyección de las empresas y de los empresarios, si son ellos precisamente los que tienen la posibilidad, la responsabilidad y la oportunidad, de inducir y promover este cambio cultural?

El tema de la productividad ha sido una inquietud central en mi vida profesional porque considero que no sólo el éxito sino la supervivencia de cualquier empresa depende inevitablemente de su habilidad de conseguir, de manera constante, niveles mayores de productividad.

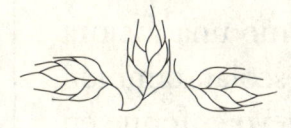

PRODUCTIVIDAD EN UNA ECONOMÍA GLOBAL

1. Resulta innecesario mencionar que la capacidad de generar riqueza, la productividad personal, va en proporción directa, si no es que exponencial, al nivel de **educación y capacitación** de cada persona.

    Con las debidas excepciones en ambos sentidos, son las personas con mayores niveles educativos las que obtienen los mayores ingresos, las que crean mayor riqueza.

Por lo tanto, el primer paso y aunque éste no tenga efectos en el plazo inmediato, es dar un fuerte impulso a la **educación**. No hay atajos, no hay alternativas.

Los mexicanos tenemos que elevar el nivel de educación, sobre todo de las mayorías. Se requiere más y mejor escolaridad. Sin esto no habrá avances significativos.

La falta de educación produce pobreza, insatisfacción, frustración y compromete la paz social. Todos y cada uno de quienes desempeñamos algún papel de liderazgo en el país, deberemos hacer un esfuerzo enorme por avanzar con fuerza en materia educativa y este esfuerzo deberá realizarse por muchos años.

Si bien este esfuerzo se entiende como una mejora cuantitativa y cualitativa en materia escolar, también hay que señalar que se requiere un nuevo enfoque en lo que respecta a la educación superior.

No todo el mundo debe ni puede hacer una carrera universitaria; pero, a diferencia de otros países en donde hay alternativas para una formación profesional, tecnológica o de oficios, en México todavía hacen falta las facilidades y la promoción de esta actividad. Son mucho más productivas y más realizadas las personas con una buena capacitación técnica, que los profesionales mediocres que no encuentran acomodo.

Cabe señalar que nuestro enorme rezago en educación puede reducirse rápidamente si sabemos utilizar los medios de comunicación virtual que se nos ofrecen con las nuevas tecnologías.

2. Otro requisito para la mayor productividad son los **recursos económicos para la obtención de bienes de capital** que permitan la producción de bienes y servicios de manera más eficiente.

Los bienes de capital requieren de dinero o de financiamiento adecuado. Idealmente éste debería provenir del ahorro interno o por lo menos de créditos a costos razonables.

Es evidente que sin los bienes de capital, es casi imposible competir en una economía global. La ventaja de la mano de obra barata sólo funciona en las actividades que la requieren de manera intensiva e inevitable, pero de ninguna manera resulta un sustituto sostenible.

Muchos de los problemas por los que atraviesa nuestro país obedecen a que no supimos hacer a tiempo la conversión necesaria para competir en una economía global. Debimos estar al día con oportunidad en las nuevas tecnologías; hacer, en la medida de lo posible, nuestra propia investigación y desarrollo; proporcionar capacitación al personal, mecanizar, automatizar y utilizar en mayor medida las ventajas de la informática y la computación.

Cierto, ello requiere capital, y en México éste ha sido escaso y caro. No obstante, no todo el problema obedece a la falta de recursos; en muchos casos existió apatía, falta de visión y una costumbre no cuestionada de "ordeñar" las empresas para el gasto personal, en vez de reinvertir.

La productividad demanda recursos frescos y todo empresario responsable debe cumplir con esta tarea.

El dilema de los países pobres es que no cuentan con suficientes recursos, por lo cual propiciar el ahorro interno debe ser una tarea de primer orden; y dicha tarea le incumbe no sólo al gobierno, sino a todos los ciudadanos.

El único beneficio que aportan las crisis es que obligan a pensar y a rectificar muchas cosas. Ante la imposibilidad de conseguir recursos de capital por falta de dinero o de crédito barato, algunos han hecho esfuerzos para exportar, consiguiendo así financiamiento a tasas internacionales. Resulta en verdad emocionante observar cómo la necesidad aguza el ingenio de aquellos que no se conforman con lamentarse y achacar la culpa a otros, sino que se esfuerzan y salen adelante.

Como comentario final sobre el aspecto de los bienes de capital, en los países que ofrecen mano de obra barata puede existir la tentación de prescindir de los equipos verdaderamente eficientes, lo que conlleva a mantener el círculo vicioso de trabajo ineficiente - remuneración deficiente - consumo deprimido.

3. Un requisito complementario al de los bienes de capital es conseguir y aplicar las **tecnologías más adecuadas**.

En algunos casos no será necesaria una tecnología de punta, ni la más avanzada. Pero en líneas generales las tecnologías más modernas son las más eficientes.

El requisito de recursos económicos del que ya hablamos busca precisamente poder acceder tanto a las tecnologías de procesos industriales, como a las de información y administración. La empresa moderna, de cualquier tipo, vive en un ambiente donde el cambio y la velocidad con que éste ocurre son ya elementos de primordial importancia para los procesos de planeación estratégica y los administrativos.

La adaptación al cambio, utilizando herramientas cada vez más sofisticadas como la calidad total, la reingeniería y otros programas o metodologías, es requisito indispensable para el desarrollo y supervivencia de las organizaciones.

No es aquí el espacio para profundizar en un tema tan importante, pero está comprobado que **en la lógica y necesaria búsqueda de la productividad, es indispensable simplificar los procesos pero *no* es indispensable el retiro masivo del personal sobrante.**

Hay mecanismos inteligentes para hacerlo, sin perder talento ni motivación del personal y, algo de suma importancia, sin crear un problema social.

4. Por último, otro requisito indispensable para la productividad es que en el centro productivo exista **involucración del personal y una relación de armonía y entusiasmo.**

   Que la fuerza laboral perciba que se trabaja hacia un objetivo común, que hay cierta convergencia en las expectativas; asimismo, que prevalezca un ambiente de justicia, confianza, afecto y una equitativa distribución de los beneficios.

   En las relaciones laborales siempre existirán diferencias y tensiones, pero hay una gran diferencia entre las empresas que en verdad respetan a su personal y desean su involucración y realización como personas humanas, y aquellas que sólo las usan y manipulan.

   Existen países y empresas con todos los recursos: tecnológicos, financieros y administrativos, pero que no atinan a conseguir la eficiencia y productividad que quisieran, porque aún conservan esa relación adversaria, absurda desde un punto de vista social y que acaba por convertirse en un obstáculo.

   Según mi opinión, "el milagro japonés", y de hecho los de los demás países asiáticos, se debe sobre todo al cli-

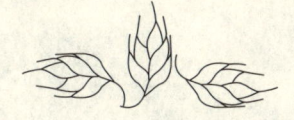

> ma de involucración, al sentido de misión y a la coincidencia de objetivos de todos los que laboran en una empresa determinada.
>
> El problema de las empresas de Occidente no es necesariamente la relación adversaria, sino el simple desinterés y la burocratización, que por miopía de sus dirigentes margina a sus integrantes, frustrándolos y desaprovechando su potencialidad.

Resultaría imposible señalar cuál de los aspectos que mencioné es el más importante para conseguir esa productividad que tanto se necesita. Creo que los cuatro son indispensables y que su atención rendirá los resultados esperados en un plazo mayor o menor.

Sin embargo, el último, el que trata sobre una filosofía empresarial, un código de ética, una actitud que quiera y fomente la verdadera involucración en la actividad que se pretende realizar, de *todos*, y subrayo, no de unos cuantos, sino de *todos* los que la integran, no sólo es indispensable para obtener los resultados, sino que, de manera paralela, fortifica al sistema y sirve de garantía para el desarrollo y la paz social.

Globalización

La globalización es una aventura en la que México inició su participación hace apenas unos años. No sabemos a ciencia cierta en qué vaya a acabar, si en tres grandes bloques comerciales, un gran bloque comercial, bloques regionales u otra vez países aislados. Sin embargo, hoy por hoy, y durante varios años más, la globalización entraña un reto importante para todas las empresas.

Veo la globalización de una manera muy personal: creo que empezó desde el principio de la humanidad por su capacidad de relación y su necesidad de intercambio. Conforme los medios de comunicación van evolucionando la gente sale de sus localidades y comienza a intercambiar mercancía.

Este proceso se ha acelerado de manera vertiginosa en los últimos años porque los medios de comunicación también lo han hecho.

En el momento en que los medios, sobre todo la Internet, se convierten en parte real de la vida, influyen en la comunicación humana, al desaparecer las distancias y los costos que éstas representan.

Si se consigue que en China produzcan la cola de un avión 747 más barata de lo que pueden hacerla en Estados Unidos, o un aparato telefónico en México más barato que en Alemania, es obvio que los negocios empezarán a hacer-

se de esa manera. Es algo inevitable y positivo pero que necesita normarse, entenderse; que requiere que los más poderosos —países, sociedades, empresas, personas— tomen en cuenta sus posibles efectos en los menos poderosos. Es indispensable mostrar gran responsabilidad social en ese sentido. Por ejemplo, Hong Kong cuenta con una impresionante infraestructura turística, y ofrece mano de obra de un dólar por día. Y eso sólo en Hong Kong, ya no se diga en China. Es injusto, inmoral, yo diría, que uno aproveche esa mano de obra.

Esos aspectos son los que hay que cuidar en la globalización. Si el enfoque es que sólo el dinero es importante, todas estas cuestiones se vuelven verdaderas agresiones a la sociedad. De ahí surgen los globalifóbicos y otros grupos de protesta. A los primeros no les falta razón en algunas cosas, pero están en el extremo equivocado. Por mi parte, pienso que la globalización es positiva, que responde un tanto al valor de la solidaridad humana. Si yo puedo consumir una mejor mantequilla hecha en Bélgica a un precio razonable, y los belgas toman tequila hecho en México, magnífico, los dos salimos ganando. Pero sí se necesita la buena voluntad y el establecimiento de normas, para que no se convierta en un proceso agresivo y abusivo.

Cómo iniciamos la globalización

Aunque nuestra intención original fue solamente exportar, con el tiempo se fueron presentando dos tipos de situaciones: ofrecimientos para que compráramos empresas, solicitudes de compra o asociaciones con compañías transnacionales. Al explorar los ofrecimientos para la compra de empresas, vimos que existían oportunidades y sinergias bastante viables. Las solicitudes de compra o asociación de parte de las grandes transnacionales de la alimentación, a través de los representantes de la banca de inversión eran constantes. Como nunca hemos considerado siquiera la venta del Grupo, pensamos que una manera de evitar ser absorbidos por esos gigantes era convertirnos también en una empresa con presencia en el extranjero.

Al pensar en inversiones fuera de nuestro país, también podemos exportar nuestra filosofía empresarial.

Nuestro objetivo fundamental es crear empresas altamente productivas y plenamente humanas, y aunque no hemos alcanzado en su totalidad ninguno de los dos objetivos, tenemos la profunda satisfacción de seguir intentándolo.

El papel que desempeña nuestra representación diplomática en los diversos países donde operamos, puede ser y es muy útil para las empresas mexicanas que deseen internacionalizarse. Sería muy largo extenderme en la ayuda que nuestro Grupo ha recibido de parte de los embajadores y de otros funcionarios de la representación diplomática, ya sea orientándonos, acompañándonos o presentándonos ante las autoridades y aun ayudando en trámites complicados como los registros de marcas, entre otros. Todo ello significa un gran apoyo.

Es motivante observar el esfuerzo de nuestros representantes al organizar "tianguis", cenas, cócteles y otras actividades para apoyar y promocionar iniciativas mexicanas. Vemos con agrado y agradecimiento que se propicien los nexos con importadores locales y se nos invite como posibles inversionistas. Esa actividad proactiva en beneficio del desarrollo de México es altamente productiva.

Puntos a considerar para la internacionalización

Durante nuestra incursión en diferentes países hemos conseguido cierta experiencia, la cual es importante resumir y compartir. Entre los puntos importantes que deben considerarse al iniciar el proceso de internacionalización se encuentran los siguientes:

- Los estudios de mercado.
- El gobierno.
- Las costumbres o la cultura del país en cuestión.

Estudios de mercado

Cuando iniciamos operaciones en un nuevo país, realizamos **estudios de mercado** que nos ayudan a conocer el patrón de consumo de los habitantes. Más de una vez dichos estudios dictaminan que se va a vender tal o cual producto, pero al momento de fabricarla, ya en el país, con planta propia, resulta que no se vende el producto señalado, o que se vende menos de lo proyectado.

Si bien los estudios de mercado son una herramienta muy valiosa, para entrar a mercados nuevos se requiere contar con mayor información de la que ellos proporcionan y con una gran flexibilidad.

El gobierno

El **gobierno** es parte decisiva en la entrada a un país nuevo. Nosotros hemos recibido un gran apoyo por parte de los diferentes gobiernos de los diferentes países donde trabajamos. Desde asesores que hablan nuestro idioma, hasta concesiones para compra de terrenos a precio preferencial. Los gobiernos que respaldan de esta manera a las empresas ayudan a crecer a su país.

Las costumbres o la cultura

Las **costumbres o la cultura del país en cuestión**, son un factor muy importante para el ingreso a un nuevo mercado. Las personas tienen diferentes costumbres, forma de llamar a las cosas, alimentación, horas para consumir alimentos, sabores y gustos en general.

Qué podemos aprender de la globalización

Éste, a mi juicio, es un concepto importante que hay que entender, al que hay que acostumbrarnos, y con el que tendremos que vivir ahora y en el futuro.

El cambio es inherente a la humanidad y existe desde siempre. Ahora su velocidad es cada vez mayor. Muchos de los problemas enfrentados se derivan de no entender que hay que cambiar, de aferrarse a lo conocido porque eso provoca confianza, es decir, de la resistencia natural al cambio. Sólo quienes saben afrontar ese reto no son arrastrados por él, sino que progresan a su ritmo.

*Nuestros dirigentes más jóvenes creen que contamos con la capacidad de ser una de las más grandes panificadoras del mundo. A eso aspiran. A mí me han preguntado, por ejemplo, en Argentina: "¿Y por qué vienen ustedes aquí? ¿Qué pueden aportar?". Mi respuesta es: "Podemos aportar cosas valiosas. En el aspecto meramente operativo, económico, creo que podemos contribuir con **tecnología, calidad, servicio, nuevos productos**". Hemos automatizado la envoltura de productos, lo cual se hace con maquinaria que no existe en otra parte del mundo y que nosotros tuvimos que desarrollar. Nosotros desarrollamos los equipos para la fabricación de tortilla de harina; ahora estas líneas valen dos y tres millones de dólares cada una, y estamos orgullosos porque son equipos que empezamos nosotros. Todo se hacía* *a mano. Sí, aportamos tecnología, buenos productos, sistemas. En todo nuestro sistema de distribución cada quien tiene sus valores, lo mismo que en nuestra concepción mercadotécnica.*

*Por otro lado, podemos hacer nuestra contribución en el **aspecto humano y social**, de tanta importancia. Cuando nos hicimos cargo de la planta que compramos en Guatemala, al conversar con los trabajadores, éstos comentaban: "Nunca nos habían hablado así, nunca nos habían tomado en cuenta así, nunca nos habían respetado así".*

*Por ello estamos ciertos de nuestros conocimientos y experiencia en los dos aspectos: **el económico, tecnológico y administrativo**, y **el humano, social y de valores**. Sí se puede. Este saber y esta experiencia la avalan los más de cincuenta mil trabajadores que Bimbo tiene tan sólo en México.*

En las tareas diarias surgen muchas anécdotas interesantes. Por ejemplo, un día me informó mi secretaria: "Le habla Fulano de Tal de Guadalajara, que se está jubilando y quiere venir a platicar con usted". Una persona que yo contraté. Llega el señor con su esposa, se sientan y me dicen: "Venimos a darle las gracias". Yo respondí: "¿Las gracias? Las gracias, no, usted trabajó; más bien, las gracias se las doy yo a usted". "Uy, mire —replicó él—, si no hubiera sido por Bimbo, mi vida sería otra. Todavía vivo con la misma señora..." Es satisfactorio ver que hay familias que sienten y reconocen que su vida hubiera sido otra de no haber trabajado con nosotros.

Una **primera lección** respecto a la globalización es que **el cambio es inevitable**, que tiene su razón de ser y que es precisamente cambiando para mejorar como las empresas y las personas pueden avanzar con prudencia a la vanguardia.

A diario, en América Latina escuchamos noticias de quiebras, cierres y fracasos, sobre todo de pequeñas y medianas empresas. Aunque es lamentable, hay que analizar si la raíz del problema es la falta de adecuación a las nuevas circunstancias, no haber hecho la tarea de modernización, utilización de nuevas tecnologías, capacitación del personal, etc. Saber si entre ellas hay empresas que, de cara a un cambio profundo en el ámbito mundial y nacional, siguieron haciendo las cosas igual. Algunos califican esta práctica como la "ordeña" de las empresas, en vez de la reinversión y la reconversión.

La **segunda lección** es que **la empresa tiene que transformarse en los aspectos económicos y sociales**. En lo económico, es necesario acercarse más a los niveles tecnológicos internacionales. Los países que nos hemos abierto a la globalización ya no constituimos economías protegidas como hasta hace pocos años. Enfrentamos competencia de todo el mundo, competencia que cuenta con sistemas, equipos y procesos robotizados, computarizados y con importantes innovaciones, fruto de programas intensivos de investigación y desarrollo, derivados de la necesidad de supervivencia en un ambiente muy competitivo.

Es evidente que no se puede seguir operando con tecnologías atrasadas o con equipos obsoletos e ineficientes, porque con ello estaremos asegurando nuestra declinación y eventual desaparición. La "reconversión" se torna ahora en una exigencia. Es oportuno recordar aquella frase que dice: "Renovarse o morir". Para las empresas que se encuentran en países que todavía no alcanzan la competencia internacional, ésta es la ocasión de prepararse.

Una empresa no puede aspirar a ser una empresa global, si no se adecua en todos estos aspectos. Trasladar modelos exitosos a otros países no es fácil; se presentan muchos problemas imprevistos. Pero si además no se cuenta con un nivel de actualización que vaya más allá de los estándares, entrar a la globalización será una labor mucho más ardua.

La **tercera lección** es la de aprender, escuchar y buscar complementarnos. La diversidad de culturas, de gustos, de sistemas, nos abre a posibilidades de competir para beneficio mutuo.

Recientemente adquirimos una empresa muy sólida en Estados Unidos, y nos percatamos de que podíamos beneficiarnos con lo que ellos han aprendido a lo largo de su exitosa historia, en especial en lo que respecta a la calidad del producto, la relación con autoservicios y la seguridad industrial. Paralelamente, ellos se entusiasmaron al conocer nuestras plantas y nuestra fuerte presencia en el mercado.

Es muy satisfactorio observar en varias de las reuniones de nuestras operaciones o en el corporativo, la participación entusiasta de personas provenientes de diversas empresas y países, enfocadas hacia un objetivo, que ahora es común y complementario.

Conclusiones sobre nuestra responsabilidad como empresarios ante el fenómeno de la globalización

1. El sistema de Libre Mercado, a pesar de su reconocida bondad, no ha conseguido, sobre todo en los últimos tiempos, **cerrar la brecha existente entre ricos y pobres.** Esto sucede tanto con los países como con las personas.

2. Los pobres están cansados de abrigar esperanzas, de comprobar que sus anhelos se frustran sistemáticamente y que, de crisis en crisis, van de mal en peor. Pienso que en estas circunstancias se puede crear un caldo de cultivo para un estallido social. Si los empresarios del mundo globalizado no nos percatamos de que **tenemos una responsabilidad social que va al parejo de la económica,** pondremos a la humanidad en un riesgo de gran magnitud.

3. El sistema de Libre Mercado puede ser el camino para lograr un mundo mejor, siempre y cuando se opere con **responsabilidad social** y se elimine la concepción puramente liberal.

4. La globalización va en línea con la **solidaridad humana** y es inevitable. Debemos encauzarla bien.

5. Los empresarios tenemos la mayor parte de **responsabilidad de que este proceso sea justo**, y para beneficio de todos, no sólo de algunos.

Los principales retos para el Grupo Bimbo

Son varios los retos que el Grupo enfrenta en la actualidad:

- El fundamental es que tenemos que encontrar maneras más eficientes y económicas de trabajar y producir, porque hay una lucha mundial por bajar costos.

- Otro reto es que está cambiando el mercado. Antes, nuestros clientes eran pequeños; ahora la tendencia se inclina hacia las grandes cadenas. Eso implica una manera distinta de trabajar.

- Un reto más es la competencia nacional, que antes prácticamente no existía y ahora es una realidad.

- Otro reto lo constituye la competencia internacional, sobre todo de las grandes transnacionales. Es esencial que seamos tan eficientes como ellos, o más, para poder sobrevivir.

- Enfrentamos también el reto de ser creativos, buscar nuevos productos, encontrar mejores soluciones a las necesidades de la sociedad y de la gente.

Los principales retos para México

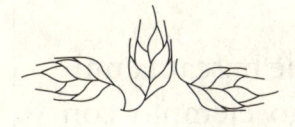

- El reto más grande que encara el país es entender que deseamos entrar al cambio, y que ese cambio fundamentalmente se refiere a terminar con la corrupción, con el trabajo ineficiente e improductivo.

    Hemos perdido una oportunidad de oro para arreglar cosas importantes en este país. Porque cuando la corrupción se acabe o se reduzca; cuando disminuya la burocracia (en el mal sentido de ésta, es decir el que no produce), en ese momento México tendrá todo por hacer.

En el ámbito de la infraestructura, por ejemplo, necesitamos puertos, aeropuertos, carreteras, caminos; debemos trabajar en pesca, en agricultura, en silvicultura, en turismo.

Sí, en México todo está por hacerse. Tenemos el liderazgo, pero la maraña de improductividad, burocracia y corrupción, incrustada todavía, no permite que las cosas caminen.

- Otro reto es enfrentar la política partidista ideológica y exacerbada que llega a convertirse en un serio obstáculo.

- Un reto más: es indispensable tratar de buscar la unidad nacional. Tuvimos un tristísimo ejemplo con la miscelánea fiscal, en la que no se tomaron en cuenta las necesidades del país, sino las necesidades partidarias e ideológicas de algunos. Eso nos hace un daño tremendo.

Capítulo 10

GOBIERNO Y SOCIEDAD

Algunas ideas personales

"Nuestra responsabilidad en la actividad económica está fuertemente condicionada por las características del régimen en el que nos desenvolvemos."

Roberto Servitje

"En la medida en que se resuelvan los problemas de la empresa, se resolverán los problemas de la sociedad."

Peter Drucker

El marco histórico del desarrollo de la empresa en México es de gran relevancia. Hace muchos años, los empresarios mexicanos estaban marginados de la política, por dos razones fundamentales: primero, porque se manejaba el concepto de que la política era la política, algo con lo que no había que meterse; y segundo, por el temor a las represalias si uno se atrevía a hacerlo. Hubo entonces un divorcio total entre la iniciativa privada y el gobierno.

Con el tiempo se llegó a la conclusión —obvia desde el principio— de que si uno no se mete en política, la política se mete con uno, y que es importantísima la participación de todos los sectores, no sólo del empresarial, en la conducción del gobierno del país. En términos coloquiales: "tantito por concientización, muchito por necesidad". Y mucho también por el cambio de las propias autoridades, el cual tiene que ocurrir y, afortunadamente, está ocurriendo.

A raíz de la creación del Consejo Coordinador Empresarial hay una mejor coordinación de los sectores. El Consejo Coordinador Empresarial está integrado por los siete organismos más importantes. Entre ellos se encuentra el Consejo Mexicano de Hombres de Negocios, que hace unos años era un organismo poco propositivo y representativo; simplemente era un grupo notable. En los últimos años se ha transformado y ha asumido una actitud propositiva, haciendo inversiones en estudios, participando activamente a través del Consejo Coordinador Empresarial. Se ha enriquecido con gente más joven, con funciones muy distintas de aquella de ir a comer con el Presidente una vez al año. En suma, la participación del sector empresarial con el gobierno, debe ser en todo momento respetuosa, activa e inteligente.

La Patria que queremos

México no es ni más ni menos que lo que somos los mexicanos. Nosotros somos artífices de lo bueno y lo malo que sucede en nuestro país. No podemos criticarlo sin criticarnos a nosotros mismos. No podemos culpar a nadie de nuestros problemas y fracasos.

Qué duda cabe que queremos un país mejor... pero nadie lo hará por nosotros. Somos cada uno de nosotros, y nuestros antepasados, los que lo hemos ido moldeando a través del tiempo. Lo hemos hecho y tendremos que seguir haciéndolo, con esfuerzo, con trabajo, con el respeto de nuestros valores, con valor civil.

¡Nuestras costumbres, nuestro gobierno, nuestro país, serán lo que nosotros queramos!

El voto

La vida en sociedad exige que todos los hombres tengamos la parte que nos corresponde de derechos y obligaciones. Sólo el ejercicio de los derechos y el cumplimiento de las obligaciones hace posible la vida social.

En nuestra Constitución se consagra el derecho a elegir a quienes consideremos aptos para gobernarnos. Es el derecho al **voto**. Sin embargo, no se trata solamente de un derecho, votar es una obligación.

Algunas personas no votan porque no acaban de darse cuenta de la enorme trascendencia que la elección de un gobernante tiene para ellas y para los suyos. No votan porque piensan que hacerlo, o dejarlo de hacer, no va a cambiar nada. Esa actitud es errónea; votar debería ser para todo adulto una de sus principales obligaciones.

Es necesario entender un poco más el proceso político, a los partidos, a sus candidatos y sus tendencias y **votar** por aquellos que representen mejor a todos los sectores sociales del país.

Unir o separar

En su devenir histórico, la ciencia y la tecnología han conseguido logros impresionantes; para comprobarlo, baste observar los prodigios tecnológicos que forman parte de nuestra vida diaria.

Pero, si bien hemos avanzado a pasos agigantados en muchas áreas, en otras no hay avance, incluso pareciera haber retroceso. La humanidad se desgarra en guerras inútiles, revoluciones fratricidas y enfrentamientos estériles que debilitan a los países y a sus habitantes.

Si en nuestra escala de valores lo más importante es el hombre, su desarrollo, su integración, su realización personal y su felicidad, es urgente crear un clima de afecto, de apoyo, de ayuda mutua y de solidaridad. Los seres humanos y los gobiernos deben ayudarse a superar sus carencias, intercambiar excedentes, brindarse apoyo mutuo y emprender acciones unidas y concertadas que en el futuro rindan frutos y recompensas.

Pero la realidad que vivimos es otra: son muchos los que por egoísmo separan con sus obras y su ejemplo, y muchos quienes, por despecho, por fanatismo o por negocio, promueven el enfrentamiento y el odio. Los enfrentamientos son estériles; en ellos, aun el que gana sale perdiendo. Parece muy sabia y práctica aquella recomendación de: "Fijarnos más en aquello que nos une y acerca, y menos en lo que nos divide y aleja".

Es fundamental que hagamos un esfuerzo para estar dispuestos al diálogo, abiertos a escuchar, prontos a conciliar, ya que todos tenemos la responsabilidad de propiciar la paz.

¿Dónde está parado México?

Si las grandes explosiones sociales ocurren cuando el hombre no encuentra la manera de satisfacer sus muy diversas necesidades; si la historia nos muestra que las constantes tensiones y conflictos de la humanidad se deben a la injusticia, la inequidad, el abuso, la marginación, la opresión, la falta de libertades y de oportunidades, la respuesta obligada es transformar nuestras políticas y nuestras instituciones para que respondan mejor a los grandes anhelos del ser humano.

Los gobiernos deben abrirse a la democracia, a la sana participación ciudadana. Deben ser transparentes y honestos, luchar contra la corrupción, el burocratismo y la ineficiencia. Deberán, también, rodearse de los mejores hombres, los más capaces, los más conscientes y responsables de la problemática social y de las soluciones que ésta requiere.

El término "aristocracia", desprestigiado y prostituido por las experiencias históricas, sigue siendo válido cuando por "aristocracia" se entiende el gobierno por los mejores.

¿Qué características distinguen a los "mejores"? Por principio de cuentas son líderes, gobernantes sanos, honestos, con ideales, con visión, con fortaleza, con la decisión de hacer lo que se debe hacer, sin importarles las presiones, venciendo las inercias y desafiando el *status quo*.

De ahí la importancia de que todo ciudadano responsable esté pendiente de la política.

Según un connotado autor francés, meterse en política es meterse en lo que sí importa… es asumir, en la medida que nos toca, la responsabilidad que nos corresponde.

Indudablemente, sin la amplia participación de la ciudadanía, no puede existir un buen gobierno. Si bien decíamos que deben ser los mejores los que resulten electos para gobernar, éstos necesitan de la retroalimentación de los diversos sectores de la población.

Nuestra responsabilidad en la actividad económica está fuertemente condicionada por las características del régimen en el que nos desenvolvemos.

Necesitamos el marco gubernamental idóneo para poder operar de manera sana.

En todo el mundo se requieren leyes más lógicas, que fomenten la inversión, el empleo, la creación de empleo, la productividad; que permitan la competitividad internacional. Estamos lejos de eso todavía.

Por ejemplo, respecto a la cuestión impositiva, en los países que tienen éxito en el ámbito económico, los impuestos suelen ser al consumo, no a la producción. En esos países lo que se estimula es la inversión, la creación del empleo, la competitividad; y los recursos provienen del consumo, IVA y gasolina. La gasolina en Europa cuesta más del doble que en México. En Estados Unidos desafortunadamente es barata, lo cual representa un problema para México, pues su venta constituye un buen instrumento para colectar impuestos.

En nuestro país tenemos un problema grave con el impuesto al consumo. A diferencia de otras naciones con una clase media numerosa, esa parte de la población se ha reducido dramáticamente en México. Por eso el impuesto al consumo golpea con fuerza a las clases menos favorecidas. De ahí la necesidad de buscar una solución inteligente, dirigida a conseguir la productividad y la generación de empleo. Las leyes tienen que cambiar.

Por otro lado, en nuestro país —creo que en parte como consecuencia de toda la corrupción anterior— estamos saturados de "tramitología", una especie de cáncer que frena dos aspectos: el desarrollo empresarial fuera de la ley, y el desarrollo empresarial que está dentro de la ley; así se estimu-

lan las actividades que no están reguladas. En un momento dado, ya no se trata del gobierno, sino de los que atienden en las ventanillas; los que piden una "ayudita"; se trata de las colas y toda esa parafernalia que cansa y desanima.

Un ejemplo es el caso de la vivienda. Los países de Europa que se han podido poner al corriente y han entrado a la Unión Europea, como España, Grecia y Portugal, fundamentalmente lo han podido hacer —dicho por ellos— gracias a un enorme esfuerzo de creación de vivienda. La vivienda da empleo, utiliza materiales locales y produce una enorme satisfacción psicológica.

Al llegar a España, Portugal o Grecia, se atestigua un enorme auge en la vivienda: hay condominios por miles, y eso ha agilizado la economía.

¿Qué sucede en México? Aquí hay una necesidad muy considerable de vivienda. Contamos con todos los materiales requeridos, no es necesario importar nada; con mano de obra suficiente y hasta sobrante; con los recursos materiales baratos para la vivienda, y ahora incluso con tasas de interés con inflación de cuatro punto cinco por ciento. ¿Por qué, entonces, no se dispara la vivienda? El gobierno está haciendo un gran esfuerzo por aumentar este rubro, pero se puede ver frenado por una ley que dicte que no puede castigarse al que no paga su hipoteca o no paga la renta. Las leyes populistas protegen a los sinvergüenzas que, teniendo dinero y recursos para pagar sus hipotecas, no lo hacen. Los

> *proyectos de vivienda se hacen a lo grande, se llevan a cabo las promociones, la gente entra a ocuparlas, y luego hay quienes se pasan de vivos y no pagan porque las leyes los apoyan. Al que no paga la renta no le pasa nada. ¿Cómo esperar que haya quien se dedique a construir viviendas para renta o venta si sabe que no le van a pagar?*
>
> *En Holanda, si alguien no paga la renta durante tres meses o no cubre tres pagos seguidos de su hipoteca, el dueño de la hipoteca o de la vivienda acude a la policía, sin necesidad de abogados, y ella se encarga de que pague. Todos pagan porque no hay cuentos.*

En el último siglo han existido sistemas imperfectos que, contando con premisas de mucho valor, carecían de otras, básicas y elementales, lo cual los precipitó al fracaso. Deslumbrados por una lógica aparente se lanzaron en la búsqueda de una sociedad ideal, acomodando las piezas como en aquellos acertijos o rompecabezas en los que todo parece acomodarse, menos la última pieza.

Los diversos sistemas sociales, adoptados e impulsados por los países de Oriente y Occidente, han enfrentado problemas y han fallado por la misma razón fundamental: haber descuidado al hombre y no haber tenido suficiente respeto a la dignidad de las personas que vivieron bajo sus auspicios.

Hoy, el peligro latente más preocupante es que todavía no nos damos cuenta de la importancia de contar con un sistema económico que supere a los anteriores, que no sea bueno sólo para algunos o para la mayoría, sino para todos. Por eso, el buen sistema, los principios de gobierno que rijan a la sociedad, no deben ser como el rompecabezas que mencionamos, en el que casi todos sus elementos se pueden acomodar pero hay alguno que no embona, ése que demuestra que algo no está bien, lo cual suele deberse a que se ha vulnerado alguno de los grandes principios sociales.

Es tiempo de que los pueblos hayan aprendido las lecciones y elijan —y exijan— los gobiernos que necesitan. Es responsabilidad de todos, pero ahora quizá más de los jóvenes, velar y luchar porque sus representantes propongan, vivan y apoyen un marco basado en los grandes valores y los principios sociales.

Según un dicho común, los pueblos tienen los gobiernos que se merecen, y eso es muy cierto. Todos clamamos contra las fallas, las ineficiencias, los abusos y la corrupción, pero quizá no nos detenemos a reflexionar que nosotros tenemos mucho que ver... mucho que hacer para que la situación mejore.

Un aspecto trascendental es la corrupción. Cuando ésta permea las múltiples actividades de la vida cotidiana, todo se distorsiona y es imposible aspirar al orden y a la legalidad.

Tras un breve análisis, comprobamos que muchos de nuestros problemas tienen raíz en la corrupción: los de falta de estacionamiento; contaminación; inseguridad y criminalidad; infraestructura deficiente, y así una larga lista, son causados por la falta de integridad de los que piden y de los que dan.

Sabemos, por datos del Banco Mundial, que durante las cuatro penúltimas décadas del siglo pasado muchos países en vías de desarrollo habían progresado a un ritmo increíble, tanto en el campo de la salud como de la educación. En el aspecto económico, algunos quintuplicaron su renta media, tasa sin precedentes en la historia. En la última década hubo trastornos que conformaron un panorama menos optimista. No obstante, es razonable pensar que el desarrollo sostenido y rápido es un sueño realizable.

Si anhelamos un mundo mejor, y sin duda así es, hay que hacer lo que sea necesario para cambiar esta cultura. Si bien lo que el ciudadano medio puede hacer desde el punto de vista personal para lograr un marco gubernamental adecuado es más relativo, lo que hace y puede hacer en la esfera socioeconómica tiene consecuencias directas.

Prácticamente todo ciudadano es sujeto y objeto de la actividad económica: la suma de las acciones y omisiones de cada uno influyen en los diversos ámbitos de la actividad social. Los resultados directos se observan en el orden económico, cultural, artístico, ecológico y demás aspectos de la vida del país.

Por lo tanto, si queremos alcanzar ese progreso a que nos hemos referido, tenemos que mejorar muchas de las células que formamos el tejido social, y de preferencia todas. Si queremos que esa suma arroje mejores resultados, comparables a los de otras sociedades desarrolladas, es necesario que se realicen cambios importantes.

Por último, hay que mencionar que la **familia** es la base, el sustento, la célula fundamental de la sociedad y que la sana integración familiar es vital para un desarrollo social también sano. Preservar la vida familiar en una atmósfera de afecto, respeto y solidaridad es condición indispensable, la primera condición, para la construcción de una sociedad equilibrada.

La **escuela**, como antes se comentó, templo de la educación, es la condición y el sustento del desarrollo. Los pueblos y los gobiernos tenemos que entender que ésta es una prioridad sobre muchas otras, y que serán pocos todos los esfuerzos y sacrificios que se realicen para avanzar decididamente hacia niveles más altos.

Las instituciones internacionales encargadas de promover el desarrollo social atribuyen un papel decisivo a la educación, en particular a la básica.

Debemos, por consiguiente, entender primero nuestro sistema educativo y después apoyar con toda nuestra fuerza su mejoramiento constante. Trabajemos firmemente para que la educación no sólo imparta conocimientos sino que inculque también valores espirituales y principios morales.

Mikhail Gorbachov, a quien conozco, admiro y respeto, expresa en su libro *Perestroika*:

"En la actualidad nuestro principal trabajo es elevar al individuo espiritualmente, respetando su mundo interior y fortaleciendo su moral."

Quiero pensar que muy pocas personas de esta generación han vivido experiencias tan intensas como las de él y, por lo tanto, no han tenido que pensar, meditar y sopesar alternativas como él lo ha hecho. Cuando nos dice lo anterior, es porque lo considera la solución que ataca la raíz de los problemas sociales que ocasionan el desasosiego en que vive el hombre actual.

> *Los empresarios le ofrecemos todo a la sociedad. Somos sus caballos de trabajo. Queremos que nos den de comer bien, que nos traten bien, pero a la vez somos los que vamos en busca de la productividad, del empleo y la tecnología. Somos los que producimos, de quienes en gran medida depende el desarrollo económico y social de un país.*
>
> *El empresario debe, obviamente, pagar sus impuestos, ser respetuoso, cumplir con las disposiciones ecológicas, en fin, ser responsable. Para ello necesita estímulo y apoyo. En países donde el empresario es apoyado, como en Singapur, que es una islita sin recursos, ha surgido una de las economías más pujantes del mundo. El per cápita de Singapur es impresionante, pero ¿por qué? Porque tienen un gobierno que estimula y apoya todo el trabajo empresarial.*

Por ser empresario y porque estoy seguro de que muchos de los lectores de este libro lo son o van a serlo, y porque todos, de un modo u otro, tenemos relación con las empresas, en el cuadro siguiente presento un esbozo más amplio de su trascendente función, de su responsabilidad y de cómo puede adecuarse para desempeñar mejor el papel que le corresponde en la sociedad.

> - **La empresa** —y esto lo sostengo en todos los foros porque me parece que es necesario que así se entienda— **es una institución vital para la vida en sociedad: sin ella, la sociedad, como la concebimos, no puede existir.**
>
> - **La empresa es, sin duda, el motor que mueve la economía:** es la principal promotora de la tecnología y capacitación, creadora de empleo y generadora de riqueza.
>
> - **La empresa es determinante en el estilo de vida de las naciones y es la principal responsable de las condiciones de vida que privan en cualquier país.** Repito el planteamiento de Peter Drucker: "En la medida en que se resuelvan los problemas de la empresa, se resolverán los problemas de la sociedad".

Dije al principio del libro que son los líderes los que tienen que tomar la iniciativa. Y aquí hay una muy importante, la de promover la "sociedad sostenible", el "crecimiento sustentable". Nosotros, que somos o vamos en camino de ser parte de ese liderazgo, somos quienes debemos ver, entender la gravedad y actuar en consecuencia.

Ante el nuevo entorno, sólo podrán operar con éxito las empresas que comprendan que la verdadera solución, la única fuerza, la tendrán las que entiendan y vivan esta respuesta a la problemática social.

No hay misterio, la empresa que responda inteligentemente al reto social, la que sirva bien a todos: a los hombres de afuera —el consumidor— y a los hombres de adentro —los trabajadores—, a la sociedad en su conjunto, produciendo riqueza, cuidando el ambiente, respetando las leyes y contribuyendo al bien común, tiene asegurado el éxito que además merece.

Apéndice 1

CRONOLOGÍA DE FÁBRICAS

Año	*Planta*	*Ciudad*
1945	Panificación Bimbo (4 productos, 10 camiones)	Distrito Federal
1947	Primera ampliación (10 productos, 30 camiones)	Foráneo
1952	Segunda ampliación (12 productos, 70 camiones)	Foráneo
1956	Bimbo de Occidente	Guadalajara
1956	Productos Marinela	Distrito Federal
1960	Bimbo del Norte	Monterrey
1963	Se crea el corporativo en México (8 personas)	Distrito Federal
1963	Bimbo España	España
1966	Bimbo Noroeste	Hermosillo
1970	Bimbo del Golfo	Veracruz
1971	Ricolino México	Distrito Federal
1972	Bimbo Azcapotzalco	Distrito Federal
1972	Marinela Azcapotzalco	Distrito Federal

Año	*Planta*	*Ciudad*
1973	Frexport	Zamora
1977	Nubar (Barcel)	Querétaro
1977	Marinela de Occidente	Guadalajara
1977	Bimbo del Centro	Irapuato
1978	Bimbo del Sureste	Villahermosa
1980	Siasport	Zamora
1981	Bimbo Pacífico	Mazatlán
1982	Barcel del Norte	Gómez Palacio
1982	Bimbo Chihuahua	Chihuahua
1982	Bimbo Toluca	Toluca
1983	Maquindal	Distrito Federal
1985	Interrefacciones	Distrito Federal
1986	Wonder México	Distrito Federal
1986	Bimbo San Luis	San Luis Potosí
1986	Molino Cuauhtémoc (San Vicente)	Distrito Federal
1986	Moldex	Chihuahua
1986	Bimbo Yucatán	Mérida
1986	Proarce	Distrito Federal
1987	Distribución Estados Unidos (Suandy Proalsa)	Los Ángeles Houston
1987	Marinela Sureste	Villahermosa
1987	Tía Rosa México	Lerma
1989	Productos Confitados	Puebla
1990	Marinela Baja California	Mexicali
1990	Barcel México	Toluca
1990	Marinela del Norte	Monterrey
1990	Bimbo Centroamérica	Guatemala
1991	Bimbo San Luis	San Luis Potosí
1991	Bimbo Puebla	Puebla
1991	Molino San Jorge	Lerma

Año	Planta	Ciudad
1991	Moldex	Lerma
1991	Proarce (Plastimarx)	Distrito Federal
1991	Lonchibón	Distrito Federal
1991	Paty Lu	Distrito Federal
1991	Distribución Sara Lee	Distrito Federal
1992	Industrial de Maíz	Cuautitlán
1992	Galletas y Pastas Lara	D. F. y Puebla
1992	Bimbo de Baja California	Mexicali
1992	Barcel Chile	Santiago, Chile
1992	Molino Montserrat	Veracruz
1992	Marinela Venezuela	Venezuela
1993	Bimbo El Salvador	El Salvador
1993	DICAM	Estado de México
1993	AUTOVEND	Distrito Federal
1993	Ricolino San Luis	San Luis Potosí
1993	Holsum Venezolana	Venezuela
1993	Bimar Foods	Estados Unidos
1993	La Fronteriza	Estados Unidos
1994	Grissini	Guadalajara
1994	Marilara	Guadalajara
1994	Suandy	Estado de México
1994	Friser	Estado de México
1994	Fabila	Estados Unidos
1994	Bimbo Costa Rica	Costa Rica
1995	Ideal (Bimbo Chile)	Chile
1995	Bimbo Argentina	Argentina
1995	Bimbo Honduras	Honduras
1995	Productos de Leche Coronado	San Luis Potosí
1995	C & C	Estados Unidos
1995	La Tapatía	Estados Unidos

Año	*Planta*	*Ciudad*
1996	Pacific Pride Bakery	Estados Unidos
1996	Bimbo de Colombia	Colombia
1997	Molino Sant Joan	Monterrey
1998	Mrs. Baird's	Estados Unidos
1998	Molino Cereal Foods	Estados Unidos
1998	Industrial Maíz	Monterrey
1998	Bimbo Perú	Perú
1998	Park Lane	Alemania
1999	Molino Navojoa	Navojoa
1999	Molino Guadalajara	Guadalajara
1999	Pastas Cora	Distrito Federal
1999	Dayhoff	Estados Unidos
1999	Bimbo Baja California (Tijuana)	Tijuana
1999	Four S	Estados Unidos
1999	Bimbo Venezuela (Caucagua)	Venezuela
2000	Desinversión Molinos (enero)	
2000	Park Lane Viena	Viena, Austria
2000	Park Lane Ostrava	República Checa
2000	Bimbo Tijuana	Baja California N.
2001	Plus Vita	Brasil
2001	Desinversión Pastas Cora	
2002	Oroweat (División Oeste de George Weston)	Estados Unidos

Apéndice 2

CALIDAD TOTAL Y REINGENIERÍA

Calidad total: una perspectiva general

Primera etapa: establecimiento del contacto

En marzo de 1985 se realizó el seminario basado en las ideas de Philip B. Crosby, creador del concepto "cero defectos" y autor del libro *La calidad es gratis*. Crosby diseñó una metodología completa de implantación de un proceso de Calidad Total consistente en catorce pasos, la cual era la médula del seminario.

El objetivo de la reunión era despertar la conciencia sobre la importancia de la calidad: un asunto que involucra a todos y que se debe mejorar constantemente si la empresa desea permanecer con éxito en el mercado.

El anuncio causó un gran impacto y se decidió crear un puesto nuevo en todas las fábricas de la organización para fomentar este proceso: la jefatura de Calidad Total. Asimismo, se nombró un gerente corporativo de Calidad Total para coordinar el proyecto en todo el Grupo.

En algunas plantas se integraron Comités de Mejora de Calidad (el primero de los catorce pasos), cuya misión era planear, organizar y dirigir el proceso. Comenzaron entonces a surgir planes, formas de control de avance, juntas de análisis de problemas, etc., y se inició un despertar de la empresa dirigido al mejoramiento integral.

Inicio del cambio

A finales de 1985, en la primera Junta Nacional de Jefes de Calidad Total comenzó a percibirse la dificultad de iniciar y manejar un proceso de cambio de esta naturaleza.

Nadie negaba la importancia de lograr mejorar la calidad de los productos y servicios; nadie se oponía en forma abierta a los objetivos de Calidad Total. El desacuerdo radicaba en el "cómo", específicamente en aspectos relacionados con la metodología, el tiempo y los recursos.

Se entendió que Calidad Total era un camino difícil, el cual, una vez tomado, no puede abandonarse; que no se trataba de una moda, sino de una manera de administrar la empresa, de un proceso paulatino de adopción de nuevas actitudes y nuevos sistemas que requería un esfuerzo continuo de apoyo y mucha paciencia.

Además, los conceptos no eran radicalmente nuevos: "costo de no hacer las cosas bien", "servicio al cliente", "control de calidad", "hábito de la mejora". De alguna manera ya éstos se habían considerado en el contexto de la cultura de Bimbo. Por tanto, la Calidad Total constituía, en gran medida, un reencuentro con valores fundamentales de la organización.

De hecho, en 1945, el 2 de diciembre se publicó, como parte del aviso de inauguración de Panificación Bimbo, que el afán de la empresa era "servir", "servir con calidad". ¿Por qué, entonces, cuarenta años después, Roberto Servitje, uno de los propios fundadores, hablaba de un parteaguas en el momento de dar el "banderazo de salida" al proceso de Calidad?

Lo que le esperaba a la empresa era un cambio de cultura, un cambio hacia una mayor flexibilidad y agilidad, hacia la ruptura de las formas tradicionales de hacer cosas que sólo se hacen por inercia.

La segunda etapa

Para finales de 1985, la Gerencia Corporativa de Calidad Total, a cargo de Pablo Elizondo, comenzó a estudiar y asimilar las ideas de W. Edwards Deming, Joseph Juran y Kaoru Ishikawa, entre otros expertos, abriendo así el panorama de posibilidades para continuar el proceso de cambio.

Proyectos corporativos

Otra de las nuevas ideas —"La mejora sólo se logra con proyectos seguidos de más proyectos"— de Juran parece ser la que dio más luz sobre el camino a seguir en el proceso de

Calidad Total. Ante la necesidad de obtener éxitos se decidió proveer el lineamiento de que habría que trabajar en cinco proyectos concretos de mejoramiento en la empresa.

Los cinco proyectos corporativos

1. *Disminución de la rotación de personal en toda la organización*
   Se integró un Equipo de Acción Correctiva (EAC), formado por personal perteneciente a las fábricas y al corporativo, el cual realizó un estudio serio y profundo de las causas de la elevada rotación de personal. Sus integrantes viajaron a todas las plantas para impartir un seminario sobre el tema. También se formaron equipos de este tipo en las fábricas donde este tipo de problema era más crítico.

2. *Mejora de la capacitación*
   Bimbo siempre ha otorgado mucha importancia a esta actividad como medio para el logro de resultados y para el engrandecimiento del trabajador. Con base en esto, se realizaron también seminarios específicos para analizar los siguientes lineamientos de capacitación (de los cuales se derivaron planes de capacitación por departamento):

   - Detectar necesidades de capacitación y formación.
   - Motivar el desarrollo del personal.

- Hacer al jefe directo responsable de que su personal se desarrolle.
- Capacitar y formar, de preferencia en el trabajo.
- Procurar que nadie ocupe un puesto sin antes haber sido capacitado para ello.
- Formar y capacitar para el autocontrol.

3. *Mejora de la frescura del producto en el mercado*
   Frescura es uno de los pilares del éxito de Bimbo. Por consiguiente, debía existir el menor tiempo posible entre la hora de fabricación del producto y la hora de colocación en el estante de venta al público. De tal manera, se modificaron turnos de producción y horarios del personal de almacén y despacho; se adaptaron horarios de salidas de transportes; se eliminaron las existencias en camiones; se optimizó el manejo de claves para recoger el producto, y se ajustaron horarios de reparación de transportes.

4. *Implantación de un sistema eficaz de aduanas*
   Al hablar de mejorar la calidad de los productos, surgía siempre el tema de la importancia de contar con materias primas que cumplieran con las especificaciones establecidas.
   Se integró entonces el Comité Corporativo de Aduanas, equipo que sacó a la luz un plan de aduanas que abarcaba las principales materias primas. El plan fue un éxito: se mejoraron los laboratorios y su equipo; se hicie-

ron más eficientes los sistemas de recepción y almacenamiento de materias primas; se adoptó una postura más estricta y a la vez orientadora con los proveedores; se complementaron y se hicieron más rigurosas las diferentes pruebas a las materias primas, y se definieron con exactitud sus especificaciones.

Este procedimiento fue ya superado al irse obteniendo proveedores más confiables.

5. *Estandarización de la calidad de los productos para exportación*

Cuando Bimbo se planteó por primera vez introducir sus productos en el mercado norteamericano surgieron fuertes problemas relacionados con la falta de estandarización y apego a las especificaciones de la Food and Drugs Administration (FDA). Esta situación generó el proyecto a nivel corporativo que incluía una serie de actividades específicas de control de calidad para que los productos de exportación cumplieran con los requisitos estrictos para venderse.

Posteriormente este proyecto se amplió al convertirse en el de "Calidad de Producto", el cual tendría implicaciones mucho más profundas y generales que el primero. El nuevo proyecto impulsaría la idea: "Vamos a fabricar *todos* nuestros productos como si fueran de exportación... y aun mejor".

Uno de los conceptos fundamentales aprendidos en esta etapa fue que *ochenta y cinco por ciento del cambio está en manos de la administración. La administración es dueña de los sistemas.* Eso significaba que la gente quería hacer bien las cosas. De hecho, las personas casi siempre quieren hacer bien las cosas, pero no saben lo que se espera de ellas porque su jefe no se los ha aclarado, o no saben hacer las cosas porque no hubo tiempo para entrenarlas.

La tercera etapa: los aspectos de soporte

▶ *Los equipos de acción correctiva (EAC)*
Uno de los primeros pasos de los catorce que constituyen el programa de Crosby menciona explícitamente la creación de un Comité de Mejora de la Calidad para guiar y propiciar el cambio. Los comités evolucionaron para convertirse en "Equipos de Acción Correctiva". Este tipo de equipo es un híbrido que, coincidiendo en la parte estadística con los Círculos de Calidad, se maneja interdisciplinariamente con la participación de jefes y colaboradores e incluso con miembros de diferentes departamentos.

Los EAC se utilizaron mucho; se formaron en casi todas las plantas y tuvieron distintos grados de éxito. Los que seguían la metodología y se enfrentaban a problemas concretos fueron los que obtuvieron resultados positivos.

▶ *Los obvios*
Otro proceso relevante por atender y que nació de la Dirección Técnica encabezada por Arquímedes Celis, en esa época coordinadora de los departamentos de produc-

ción en las fábricas, fue el énfasis en resolver los problemas obvios, los que saltaban a la vista y eran fácilmente identificables. Por ejemplo, orden y limpieza, equipo mal calibrado, falta de capacitación de operarios, falta de apego a fórmulas y métodos, etcétera.

▶ *El concepto de aseguramiento*
En esa etapa se comenzó a manejar también el concepto de Aseguramiento de Calidad, con base en aspectos un poco más técnicos y orientados a la producción pero que implicaban la necesidad de crear una cultura de autocontrol y prevención a lo largo de todo el proceso.

En muchas de nuestras operaciones podemos ver aún en operación "Cartas de Proceso", donde se incluyen algunos factores a controlar para lograr las características de calidad deseadas en nuestros productos.

También en combinación con el aprendizaje estadístico, el aseguramiento de calidad influyó para que se planteara la necesidad del Control Estadístico de Proceso (CEP).

Los tres elementos principales de esta etapa fueron: el seminario de conceptos en administración por Calidad Total, el seminario de siete herramientas básicas y, por último, el seminario de aseguramiento de calidad, los cuales se impartieron en múltiples ocasiones. Para ello se elaboraron manuales y material didáctico con ejercicios y casos prácticos de la propia empresa.

Cuarta etapa: consolidación

A partir de un seminario impartido a la alta dirección, y de reuniones posteriores, surgió un modelo para la implantación de la administración por calidad. La característica vital es que el modelo era propio, es decir, generado por y para el Grupo Industrial Bimbo y fundamentado en tres grandes principios:

- Enfoque al cliente.
- Trabajo en equipo.
- Administración de los procesos.

El modelo Bimbo de calidad

El modelo Bimbo consta de las siguientes cuatro fases.

- *Fase I. Preparación para el inicio*
  En esta fase se realizaron muchas acciones, todas dirigidas a lograr la concientización, la comprensión, el compromiso y el liderazgo para el mejoramiento continuo. Destacan en esta fase:

    a. La generación de la misión.
    b. El trabajo para crear el ambiente propicio.
    c. La emisión de la política.

▶ *Fase II. Entendimiento de los procesos e inicio de los proyectos*

Definición de procesos

El primer esfuerzo realizado en cuanto a la definición de procesos puede reflejarse concretamente en el compendio de cada dirección funcional. Allí se tiene la documentación de los procesos pertenecientes al área. El siguiente paso en este sentido es que cada equipo cuente con los procesos que le corresponden y los administre (lo cual significa identificarlos, definirlos, medirlos, controlarlos y mejorarlos).

Al momento de definir los procesos de las áreas se detectó la necesidad de identificar los principales procesos de la organización. De esta forma nació el término macroproceso y arrancó el proceso de identificación del funcionamiento de los mismos.

Sin embargo, además de la necesidad de definir los macroprocesos se consideró la posibilidad de que no sólo se definieran, sino que se modificaran, de tal forma que en ellos se plasmaran las mejores prácticas de negocios a nivel mundial, con el fin de hacer más competitivo al Grupo.

Así surgió el concepto de Reingeniería y los diez Macroprocesos.

Al surgir el concepto de Reingeniería como el proceso de "reinvención de los procesos" hubo confusión en cuanto a su relación con el proceso de Calidad. Se pensó que Reingeniería venía a sustituir a Calidad, que ahora ya no era calidad, era reingeniería.

El desarrollo de la Reingeniería en Grupo Industrial Bimbo se utiliza también como una estrategia para buscar una mayor competitividad. Consideramos importante mencionar que al "entender los procesos (fase II)", nos dimos cuenta de que incluso había que cuestionar su naturaleza en "base cero", es decir, no tratar de mejorar algo que tal vez no deberíamos siquiera hacer.

Inicio de proyectos

Se trabajó intensamente en las diferentes operaciones del Grupo con el lineamiento de concluir con éxito al menos un proyecto por departamento. En cada fábrica estos proyectos debían:

1. Orientarse a mejorar índices de productividad y apoyar las metas de cada departamento.

2. Realizarse con estricto apego a la metodología de calidad.

3. Aportar ganancias significativas y trascendentes para las operaciones del Grupo.

Además de los beneficios económicos obtenidos, es importante resaltar que el hecho de que los equipos de trabajo utilizaran una metodología para resolver problemas reales que se presentaban en su área día con día, ha generado una cultura de mejoramiento en todos los participantes.

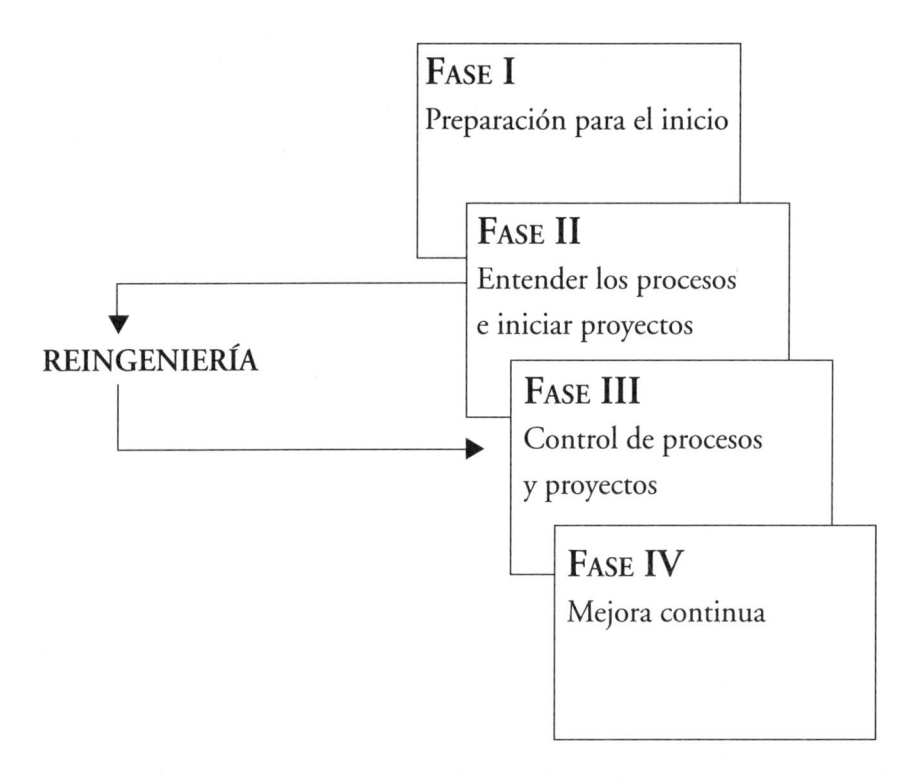

```
                    ┌─────────────────────────┐
                    │ FASE I                  │
                    │ Preparación para el inicio│
                    │   ┌─────────────────────────┐
                    │   │ FASE II                 │
        ┌───────────┼───│ Entender los procesos   │
        ▼           │   │ e iniciar proyectos     │
REINGENIERÍA        │   │   ┌─────────────────────────┐
        │           │   │   │ FASE III                │
        └───────────┼───┼──▶│ Control de procesos     │
                    │   │   │ y proyectos             │
                    │   │   │   ┌─────────────────────────┐
                    │   │   │   │ FASE IV                 │
                    │   │   │   │ Mejora continua         │
                    │   │   │   └─────────────────────────┘
```

Con el diagrama anterior es fácil identificar en qué fase del modelo se encuentra una organización en un momento dado.

¿Cómo se complementan la mejora continua y la reingeniería?

Una vez implantados los procesos rediseñados, a través del proceso de reingeniería, éstos corren el riesgo de estancarse. Dicho en otras palabras, debe existir un esfuerzo continuo de mejoramiento incluso para mantenerlos y mejorarlos. Si faltan tales esfuerzos, es muy probable su deterioro, como puede observarse en la siguiente figura.

REINGENIERÍA CON ESTANCAMIENTO

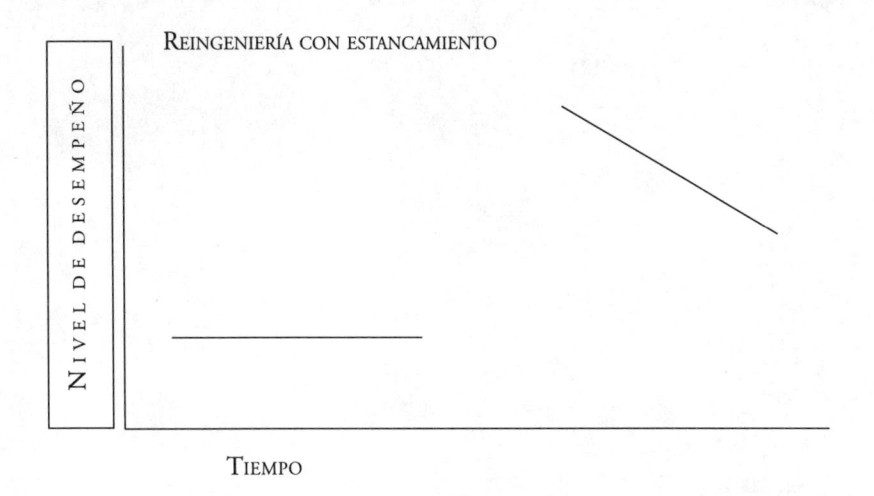

Nivel de desempeño

Tiempo

En esta forma, siempre que se logre una innovación, como buscamos con la reingeniería de los macroprocesos, debe seguirse con un esfuerzo de mejora continua. Éste es parte del cambio cultural que busca el Grupo Industrial Bimbo.

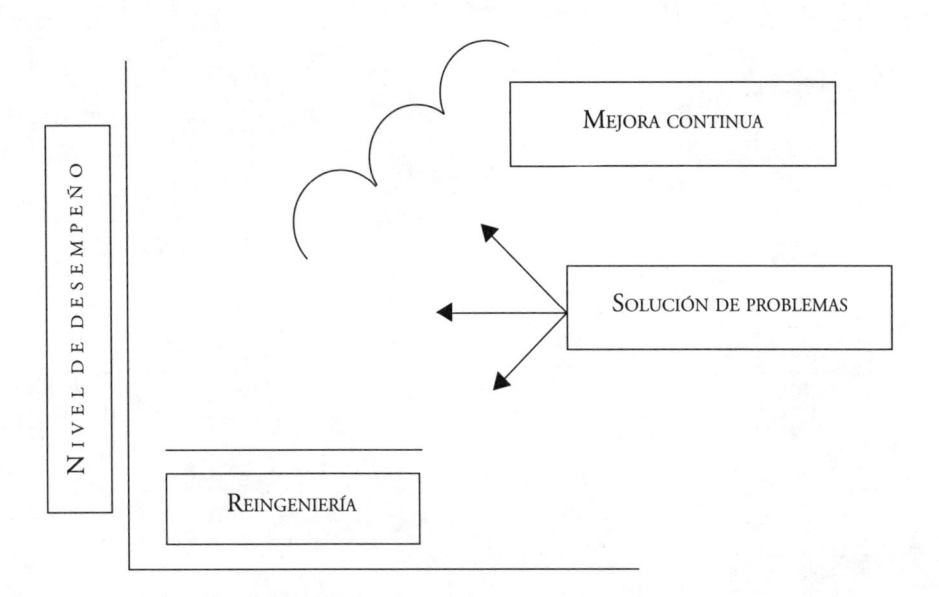

MEJORA CONTINUA

SOLUCIÓN DE PROBLEMAS

Nivel de desempeño

REINGENIERÍA

☐
FEB

LITOGRÁFICA INGRAMEX, S.A.
CENTENO No. 162-1
COL. GRANJAS ESMERALDA
09810 MÉXICO, D.F.

2005
☐

ISO 9000
CALIDAD CERTIFICADA
Certificado No. 02-2082